제우스는 세상을 **마쳤다**

제우스는 세상을 마셨다

최복현

인문공간

프롤로그

세상을 먼저 읽은 제우스의 뉴노멀

리더는 남보다 앞서 세상을 읽는다. 뒷짐 지고 따라가는 게 아니라 앞에서 인도한다. 누구보다 먼저 위험에 직면한다. 위기에 놓인다. 그 모두 리더의 선택이자 책임이다. 어떤 실수이든 실패든 모든 책임은 리더에게 있다.

진정한 리더의 진가는 위기의 순간에 나타나는 통찰의 리더십으로 알 수 있다. 이미 리더의 자리에 있음에도 남의 잘못을 지적하거나 전임 리더의 탓을 하거나, 작금의 환경 탓을 한다면 자질이 부족함을 자인한 셈이다. 자리를 맡은 순간부터 모든 책임은 자신에게 있다. 리더의 자질은 이로써 판명된다. 앞서서 새로운 길을 열어야 하는 리더는 새로움을 발견하는 즐거움, 새로운 도전을 통한 성취감, 보다 나은 세상을 성취했다는 보람을 선물로 받는다.

제우스의 통찰력과 뉴노멀New Normal 리더십은 민주적인 사고에서 나온다. 권력을 나누고, 나눈 권력에 재량권을 준다. 책임을 줌과 동시에 권리도 준다. 권리를 독점하고 자율을 주지 않으면 리더십이 필요 없다. 화합이니 조화니 필요 없다.

아버지 크로노스에 비해 제우스는 모두에게 자율을 준다. 역할 분담을 통치의 기본으로 둔다. 자율과 책임의 통치 원리를 리더십의 모토로 삼는다. 전체의 책임은 최고의 리더가 맡고, 성과물은 고루 나눈다. 이러한 새로운 질서에 기득권층의 반발은 당연히 따른다.

리더의 통찰 능력은 위기의 순간에 드러난다. 위기의 순간이란 곧 선택의 순간이다. 선택지가 많으면 많을수록 전시엔 불리하다. 위기의 순간엔 단순명쾌하게 정리해야 한다. 포기도 선택이다. 자신이 굴욕을 겪는 대신 자신을 따르는 이들은 살린다.

힘의 균형추가 무너졌다. 그런데 다급하다. 모두의 희생을 각오하고 결사항전밖에 없다. 그러면 너무 많은 희생을 감내해야 하므로 이는 리더십 부재를 증명한다. 이쯤에서 진정한 리더가 선택할 수 있는 뾰족한 묘수는 없을까?

영화 〈웰컴 투 동막골〉에서 촌장은 훌륭한 리더십의 비결을 묻자 "많이 먹여야지 뭐!"라고 답한다. 훌륭한 리더는 우선 잘 먹이고, 차별하지 않고, 절박한 문제를 해결해 주되 부담을 주는 대신 감동을 준다. 초콜릿을 밥 먹듯 하는 사람에게 초콜릿을 준들 고맙긴 하나 감동을 주지는 못한다. 그러니 한 번도 초콜릿을 먹어 본 적 없는 사람에게 초콜릿을 주면 그는 황홀해 한다. 늘 자유로운 사람에게 자유는 일상이다.

제우스는 우선 선대의 조언을 믿고 받아들인다. 무조건이 아니라 타당하다 판단하면 두 말 않고 결단한다. 거인족들을 타르타로스에서 해방시켜 줌으로써 그들의 절실한 문제를 해결해주었으나, 그들에게 반대급부를 바라지 않는다. 제우스는 그들을 무시하지 않고 자신의 형제들과 동등하게 대우한다. 무엇을 배분하든 차별하지 않고 베푼다. 뿐만 아니라 그들에게 부담을 주기보다 스스로 생각하고 행동하도록 유도한다.

이러한 제우스의 열린 사고는 그의 탄생과정에서 볼 수 있으며, 그의 절차적 지혜에서 볼 수 있다. 제우스는 민주적인 사고로 권력을 나눈 후에도 그 권력의 공고화를 위해 차근차근 준비한다. 우선 아버지 크로노스와의 싸움에서 중심을 잡는 이상을 세운다.

다음으로 권력의 정점에 이르기 전에 지혜의 여신인 메티스를 선택한다. 지혜를 바탕으로 정의 테미스를 세우고, 품격 에우리노메를 갖추면서 안정적인 토대를 마련한다. 이어서 생존의 문제해결로 데메테르를 택한다. 오늘보다 내일이 나으려면 시행착오를 줄이고 기억해야 하므로 이를 위해 기억 므네모시네를 얻는다. 하나하나 탑을 쌓아가듯 절차를 밟아도 조화를 이루지 못하면 국가는 흔들리게 마련이므로 이쯤에서 소통을 위한 마이아를 취한다. 소통을 통해 중용으로 레토를 선택해 중용의 신 아폴론과 아르테미스를 얻는다. 이렇게 완벽한 준비를 갖춘 후 권력 헤라를 아내로 맞는다. 이렇게 권력의 정점에 선 다음에 필요한 것은 유연성이니, 이성만으로 훌륭한 리더가 될 수 없으므로 감정의 대명사 디오니소스의 어머니 세밀레와 결합한데 이어 여러 인간 여자들의 마음을 읽어 그들의 사랑을 얻는다.

제우스는 이처럼 상황을 제대로 읽는 임기응변, 권위를 벗어나는 통찰의 리더십, 누구든 자신의 우군으로 삼는 감동의 리더십, 자율적인 참여로 이끄는 설득의 리더십, 절박한 문제를 먼저 알고 해결해주는 만족의 리더십을 갖춘 진정한 리더의 준범이다.

제우스라면 바이러스 시대, 호모 언택트(Untact, 비대면)의 출발선에서 어떤 가치 선택을 했을까? 제우스가 찾아낸 새 가치를 찬찬히 들여다보면, 가슴 뛰는 뉴노멀(New Normal, 새 기준이나 표준) 리더십의 전형을 보여준다.

제우스는 언제나 건강한 공동체 가치를 찾아 나섰다. 새 가치 만들기 프로젝트는 '공동체 행복', '나만의 행복'이라는 두 개의 서사 구조가 반복되거나 교차하면서 펼쳐진다. 가치 선택을 고민하는 여신들에게 큐레이션 같은 역할로 행복 백신을 개발한다.

제우스의 새 시대, 새 가치는 신화의 한 시대를 풍미하는 것으로 마침표를 찍지 않는다. 행복 백신 키워드는 10개다.

크로노스는 균형추, 메티스는 약속, 테미스는 정의, 에우리노메는 품격, 데미테르는 생존, 므네모시네는 화합, 마이아는 소통, 레토는 중용, 헤라는 권력, 인간 여자들은 유연성의 가치를 찾아냈다. 인류에게 선물한 제우스의 핵심 가치(뉴노멀)는 바이러스 시대에도 여전히 유효하다. 아날로그 시대나 디지털 시대에도, 호모 사피엔스 삶의 핵심가치다.

　　여신들과 심장 뛰게, 때로는 비극적으로 벌여 가는 신화의 서사에서 압축적인 뉴노멀의 가치를 찾아본 이야기이다. 제우스와 함께 나만의 행복 백신, 스토리텔링 애니멀 세계로 안내한다.

　　제우스는 어떻게 세상을 바꿨을까?

1

균형추

제우스와 크로노스

바이러스 시대, 신화란 무엇인가? 신화는 인류를 냉엄하게 경멸하는 바이러스(COVID 19)에 심드렁하지 않고, 일상의 얼개를 다시 짜고 새로운 가치를 찾아야 하는 힘을 가져다준다. 신화는 가시적인 세계의 배후를 설명하는 은유이자, 내 안의 영적 잠재력을 발굴하는 실마리를 던져주며, 잃어버린 일상의 행복을 되찾아주는 여전히 유효한 메시지다. 가장 매력적인 삶의 의미를 찾아준 그리스·로마 신화 속으로 들어가 보자. 제우스로부터 새로운 가치 찾기 주제(키워드) 속으로 들어가, 자신의 구원을 찾는 파우스트가 되는 즐거움에 흠뻑 빠져보자.

1 프시케 2 퓨토 3 헤르메스 4 야누스 5 스핑크스 6 케이론 7 실레노스 8 헤파이스토스
9 헤라클레스 10 디오니소스 11 아폴론 12 아레스 13 아프로디테 14 에로스 15 하데스
16 포세이돈 17 제우스 18 헤라 19 아르테미스 20 아테나

〈신들의 회의〉, 라파엘로 산치오, 1517

—— 크로노스의 시간은 멈춰진 시간이다. 멈춤은 현상유지이다. 하지만 세상은 시간에 따라 변한다. 멈춤이란 현상유지가 아니라 퇴보를 의미한다. 다른 모든 것은 변화하여 저만치 앞에 가는데, 멈춰 있다면 퇴보이다. 크로노스는 자기 안에 갇혀서 구성원 모두를 자기 안에서 벗어나지 못하도록 하는 폐쇄적 리더의 전형이다.

제우스는 열린 리더이다. 종래의 관습이나 제도에 얽매이지 않고 자유로운 발상을 한다. 또한 구성원을 적재적소에 배치하고, 권리와 책임을 동시에 주는 열린 마음의 리더이다. 닫으면 멈추고 멈추면 퇴보한다. 열면 앞으로 나아가고, 앞으로 나아가면 발전한다. 코로나 이후의 시대, 제우스처럼 '균형추'의 지혜를 배워야 한다.

그리스 첫 신은 카오스, 혼돈 그 자체다

태초에 자위행위가 있었다. 그 심연으로부터 떠오른 무한한 흑암덩어리가 있었으니, 온통 뒤죽박죽으로 얽힌 혼돈 스럽기 짝이 없고, 형태랄 것도 없는 덩어리였다. 그가 바로 부드러운 듯 딱딱하고, 딱딱한 듯 물렁한 신, 우주 크기의 신 카오스였다. 세상이 열리기 전 카오스는 태초에 세상을 만들고 싶었지만 방법이 없었다.

혼돈인 카오스는 암흑 속에서 에로스의 힘으로 창조를 시작한다. 우선 에레보스란 어둠과 닉스란 밤을 만들어 낸다. 그다음엔 엄청나게 큰 바다 폰토스를 만들고 바다 한가운데 가이아를 만들어 놓는다. 가이아의 몸에 산맥의 신 오레를 심이주어 공허한 가이아를 풍요롭게 하여 거기서 생명의 꽃줄이 흐르게 한다. 가이아의 중심에 깊고 그윽한 신비가 깃든, 새로운 생명을 내는 자궁인 타르타로스도 창조한다. 그리스신화의 창조는 여기까지이다.

그 다음 새로운 신은 신의 몸에서 탄생한다. 이를테면 카오스의 역할은 신화에서 창조까지이고, 새로운 모두는 출산으로 나온다. 세상 모든 것은 카오스의 범주 안에 있다는 뜻이다. 세상의 총량 아니면 우주의 총량은 같으나 그 안에서 어떻게 분화하느냐에 따라 분화된 하나하나를 창조라 부른다. 달리 말하면 지식이란 어떤 지평을 넓힌다기보다 통째로 있던 하나의 것을 분석하고 분류한 것인데, 분류한 방식, 분석한 방식이 다르니까 새롭게 보일 뿐이다. 예컨대 밤엔 모두가 하나의 어둠일 뿐이다. 그런데 어둠이 사라지자 그 안에 서로 다른 많은 것들, 분류 가능한 부류들, 분석 가능한 것들이 각기 있었음을 볼 수 있다. 카오스는 가이아, 폰토스로 분화되었다면, 가이아는 우라노스로, 티탄들로 분화되었으며, 크로노스는 제우스와 그의 형제들로 분화되었다고 할 수 있다.

혼돈 상태에서 하나하나 찾아낸 개념들이 곧 창조요, 발견해낸 원리들이 창조이다. 하늘 아래 새것 역시 개념과 원리의 발견이라 할 수 있으니, 태초에는 창조, 그 다음엔 생산 또는 출산, 단어는 다르지만 본질은 품고 있던 무엇을 표출하는 것으로 창조의 닮은꼴은 예술이다. 창조와 예술은 닮은꼴이다. 그러므로 모든 것은 표출하지 않으면, 무의미하다.

품고만 있으면 창조는, 창의는 일어나지 않는다. 영원한 침묵에서 창조는 일어나지 않으며, 영원한 묵비에서 의미는 발생하지 않는다. 명상의 시간, 사색의 시간, 생각의 시간은 필요하지만 그에 따른 말씀이나 표출은 더 필요하다. 공즉시색 색즉시공, 세상의 색을 삼켜 공으로, 공을 나의 색으로 만든 것이 창조이기 때문이다.

기독교의 힘은 말씀 곧 로고스라서 말씀 중심이다. 반면 힌두교나 불교는 명상 우선이지만 명상수행을 거쳐 설법의 힘으로 세상에 나온다. 이와 마찬가지로 침묵, 명상, 그리고 때에 맞게 말하고 표출하는 것이 리더십의 시작이다. 품은 것을 어떻게 표출할까? 창의적인 삶을 위해선 명상이나 사색으로 성찰하는 자세가 항상 필요하고, 그 결과를 때와 상황에 맞게 잘 표출하는 능력이 필요하다.

혼돈을 억압으로 지배, 크로노스의 절대 권위

세상을 지배하는 중심원리는 생산물의 관리이다. 여자가 생산물을 관리하면 여성중심의 사회, 남자가 관리하면 남성중심사회이다. 가이아와 우라노스의 동거 시대에 생산물을 우라노스는 가이아의 동굴에 모두 밀어 넣었으니, 가이아 중심의 사회, 즉 여성중심사회였음을 알 수 있다 인류 역사 역시 어선

중심사회에서 출발하여 점차 남성중심사회, 가모장제에서 가부장제로 발전하였다. 그렇다고 한 시대가 저물고 다른 지배체제로 바뀐다고 모든 것이 소멸하거나 사라지는 것은 아니다. 어딘가에선 유지되고 변형된다. 어딘가에서 바뀌었다가 되돌아간다. 이 중심의 원리를 그리스신화는 상징적으로 보여준다.

카오스의 본능과 에로스의 에너지가 혼재된 가이아는 혼자의 힘으로 천공의 신 우라노스를 낳았다. 자기 만큼 커다란 신 우라노스에게 가이아는 사랑을 느꼈다. 알 수 없는 본능이 그를 갈구하게 했다. 우라노스 역시 가이아와 정사를 나누는 것이 무척 즐거웠으나 아이를 낳기는 싫었다. 그는 섹스만 즐기는 호색한이었다. 그래서 그는 아이들이 나오는 족족 가이아의 자궁 속, 타르타로스로 밀어 넣었다.

자궁 속은 얼마나 깊었던지, 커다랗고 무거운 쇳덩이를 던져 넣으면 꼬박 9일이 걸려서야 바닥에 닿을 만큼 깊은 세계였다. 우라노스는 아이들이 자라서 혹시나 자신의 권력을 넘보지나 않을까 하는 두려움 때문에 아이들이 밖에서 활동하는 것을 원치 않았다. 오케아노스, 히페리온, 코이오스, 크로노스, 이아페토스, 크레이오스, 테티스, 테이아, 포이베, 레아, 므네모시네, 테미스 등 열 두 신은 깊고 깊은 암흑 속에서 생활했다. 가이아는 막상 아이들이 생겼지만 다시 자신의 자궁 속에 아이들을 넣고 키우려다보니 온몸이 거북하고, 점점 아이들이 자라서 도저히 견딜 수가 없었다. 토할 것 같은 증상이 오기 시작했다.

가이아는 몸이 무겁고 불편해지자 우라노스의 사랑을 거부하고 싶었다. 그럼에도 우라노스는 강제로 가이아를 범하여 키클로페스 세 쌍둥이를 낳았으니, 브론테스, 스테로페스, 아르게스를 낳아서 타르타로스로 밀어 넣었고, 한술 더 떠서 이번에도 헤카톤케이레스 삼형제, 코토스, 브레아레오스, 기가스를 역시 타르타로스로 밀어 넣었다. 그러고도 자기 욕구만 채우려 늘 가이아에 붙어서 내리 누르고만 있었으므로 세상엔 여전히 빛이 들어올 여지가 없어 어둡기만 했다. 반면 가이아의 자궁 속엔 밖으로 나오지 못한 신들이 자라고 있어서 그녀는 아주 불편했다. 그런데다 위에서 누르는 우라노스의 무게 때문에 늘 짜증만 늘었다. 남편이 싫어지면서 그녀는 남편의 욕망을 원천적으로 없애야겠다고 생각했다. 그녀는 궁리 끝에 남편의 욕망의 근원인 성기를 뿌리 째 잘라야겠다는 생각으로 거대한 청동낫을 만들었다. 낫이 완성되자 그녀는 어느 날 자식들을 자궁 속에 불러 모아 회의를 열었다. 가이아는 회색빛 철의 원료로 만든 거대한 낫인 스키테를 자식들에게 보여 주면서 말했다.

　　"너희들의 아버지 우라노스는 아주 잔인하고 배려라고는 없는 존재다. 너희들을 이렇게 내 안에 처박아 밖으로 나오지 못하도록 하고는 시도 때도 없이 내 몸만을 탐하니, 참을 수가 없구나. 내 괴로움이야 참을만하다만, 너희 아버지의 물건이 들어올 때면 너희들이야 얼마나 괴로운 일이냐. 그래서 내가 이 스키테라는 낫을 만들었다. 너희들이 내 말만 따르면 다시는 너희 아버지가 부끄러운 짓을 하지 못할 것이다."

가이아는 낫을 꺼내 놓고 자식들을 죽 둘러보았다. 하지만 자식들 중 누구도 선뜻 나서는 자가 없었다. 자식들은 거대한 아버지의 성기를 자를 엄두를 내지 못했다. 모두 어머니의 제안을 듣고 공포에 사로잡혀 있을 때, 용기를 내어 나서는 신의 아들이 있으니 덩치가 어마어마하게 큰 막내, 사악한 생각의 소유자 크로노스였다.

"어머니! 내가 그 일을 할게요. 아버지의 욕정 때문에 우리가 언제까지 이 안에 갇혀 있을 수는 없어요. 또 어머니가 원치 않는 부끄러운 짓을 하는 아버지를 용서할 수도 없고요."

크로노스가 선뜻 나서자 가이아는 무척 기뻤다. 가이아는 크로노스를 은밀히 불러 자기가 생각한 계략을 일러주었다.

"막내야, 지금쯤 네 아버지가 몸이 달아 어쩔 줄 모르고 있을 거야. 내가 그동안 네 아버지를 받아들이지 않았거든. 이제 내가 네 아버지를 유혹해 들일 테니 너는 미리 밖으로 나와 침실 은밀한 곳에 숨어 있어라. 그러다 아버지가 극도로 흥분해서 정신을 못 차리고 있을 때, 이 낫으로 아버지 성기의 뿌리 부분을 정확하게 잘라 내거라. 그리고 그 물건이 다시 붙지 못하도록 바다에 던져버려. 던질 때는 뒤로 던지고(아버지의 성기는 신성시되어 함부로 보지 않는 것이 고대의 관습이다. 최초의 인간들이 홍수로 멸망하고 신세계가 창조되었을 때에도 데우칼리온은 조상들의 뼈를 상징하는 돌들을 자기 뒤로 던졌다. 성서에도 조상들의 치부를 감춰주기 위해 노아의 아들은 뒷걸음질로 다가가 노아의 치부를 옷으로 덮어주었다.), 아버지의 물건은 보지 말고 던져야 한다. 알겠지?"

가이아는 큰 낫을 잘 갈아서 톱니를 만들어 달고, 날카롭게 갈고 갈았다. 그러고는 다시 낫을 점검한 다음 크로노스에게 건네주면서 다시 주의를 주었다. 가이아는 몇 번이고 순서대로 음모의 계획을 단계별로 점검한 다음 크로노스를 자궁에서 불러내서 침실의 은밀한 곳에 숨겼다.

이윽고 욕정에 불타 이글거리는 눈을 한 우라노스가 움직이면서 그 거대한 몸집으로 가이아를 덮치자 그나마 희미하던 공간은 완전한 암흑으로 변했다. 우라노스는 뜨거운 욕정으로 가이아의 몸에 밀착했다. 우라노스의 심벌이 서서히 딱딱해지면서 가이아의 음부 입구를 찾으려 하고 있었다. 결합하려는 순간이었다. 자궁 속에 아이들은 앞으로 벌어질 일의 결과가 어떻게 될지 긴장하고 있었다. 거대한 우라노스의 심벌이 닿으려는 가이아의 음부 근처도 파르르 떨렸다. 바로 그 순간 기회를 노리던 크로노스는 은신처에서 뛰어나왔다. 그는 왼손으로는 욕정에 불타 딱딱해진 우라노스의 성기를 잡고, 오른손으로는 크고 긴 낫을 들어서 아버지의 남근을 재빨리 잘랐다. 남근은 미묘한 소리를 내며 생각보다 쉽게 잘렸다. 크로노스는 잘린 남근을 재빨리 집어서 뒤로 던져버렸다.

깜짝 놀란 우라노스는 엄청나게 큰 비명을 지르며 "ㅌ

탄"이란 저주를 외치고는 까마득한 허공으로 높이 솟구쳐 올라갔다. 남자로서의 구실을 잃은 우라노스는 수치심으로 온 몸을 떨었다. 하늘은 온통 먹구름으로 휩싸였다. 가이아도, 가이아의 자식들도 두려움에 떨었다. 그 후 우라노스는 가이아에게 가까이 오지 못했다. 크로노스의 형제들은 아버지를 배신한 자식들이라는 저주를 듣게 되었으니, 불한당이라는 뜻으로 티탄신족이라 부른다. 이 티탄이란 말에서 타이탄이란 단어가 생겼다.

우라노스가 가이아에서 떨어져 나감으로써 가이아와 우라노스를 연결하던 연결고리는 완전히 끊어졌다. 하늘과 대지가 분리된 것이었다. 우라노스의 성기가 잘리면서 솟구친 피는 가이아의 자궁 속으로 흘러들어가 신들을 잉태했다. 제대로 성행위를 하지 못한 채 수태된 탓에 이들은 욕구불만과 저주의 신으로 탄생했다. 에리니에스, 기간테스, 멜리아데스 등으로 폭력과 복수를 관장하는 신들이다.

또한 바다에 던져진 성기에서 거품이 일어나더니 아름다운 여신이 태어났다. 아프로디테였다. 그녀는 아버지가 채우지 못한 사랑의 욕망을 대신 채워주는 역할을 하는 애욕의 여신이 되었다. 욕구불만 상태인 남성의 성기가 변한 신이기 때문에 그녀는 누구든 사랑을 하면 어떤 사랑이든 상관하지 않고 적극 후원하는 신이 되었다. 우라노스의 거세로 이제 세상엔 폭력과 사랑이라는 서로 대응하는 힘이 생겨 세상을 지배하게 되었다.

천공(우라노스는 그리스어로 하늘, 천공이라 함)의 신을 낫을 든 농경의 신 크로노스(제우스의 아버지)가 제압하고 쫓아낸다는 것은 단순히 신들의 싸움을 의미하는 것이 아니라, 인류가 살아온 과정을 설명하는 상징이다. 떠돌이로 살거나 유목민으로 동굴에 살던 인간이 집을 짓고 정착한다는 것은 대단한 혁명이었다. 곧 동굴 속에서 아이와 여자를 보호했던 시대를 상징하는 신이 우라노스로, 가이아의 자궁은 동굴을 의미한다. 여성을 중심으로 한 시대, 수렵시대와 유목민 시대의 상징이 우라노스 신이라면, 크로노스는 농경의 신이자 남성중심으로 시대를 바꾼 농경시대의 상징이다.

농경시대로 접어들면서 정착하는 생활에서 얼마나 많은 것들이 새로 생겨났던가. 정착하면서 인간들이 살아가는 이야기가 쌓이고, 더불어 살아가는 삶의 방식과 관습이 생겼으니, 이를 일컬어 문화라 할 수 있다. 이에 따라 인간 삶의 모습은 다양해지고, 복잡해진다. 따라서 문명이 발달하면 발달할수록 신들의 영역은 점차 먼 곳에 자리 잡고 인간의 영역은 점차 확장된다.

남성 중심 사회를 연 크로노스

닭이 먼저냐? 달걀이 먼저냐? '이것이다'라고 한 마디로 말하기는 어렵다. 어미 없는 알이 어디 있느냐 하면 그렇다. 그런데 그 어미는 어디서 왔느냐 물으면 역시 답이 어렵다. 창조론이 등장한다. 인간이 어디서 왔느냐 물으면, 인간이 모든 만물 중 뛰어난 점을 들면 신인동형론이 그럴 듯하다. 그래서 신이 인간을 창조했다 믿는다. 오늘날 과학의 진화론을 믿는다 해도 진화 과정에서의 단계론에서는 의문이 남는다.

그리 멀리 가지 않고 인간이 인간다운 꼴을 갖춘 직립인간, 오스트랄로피테쿠스나 호모 에렉투스로 이야기하는 250만 년 전까지는 올라가지 않더라도, 현생인류인 호모 사피엔스 때부터 인류를 이야기해도 족히 20만 년, 이때부터 인간이 군집생활을 했다면, 여성중심으로 생활한 모계중심 사회는 족히 19만 년이다. 남성중심의 부계사회는 불과 1만 년 안팎인데, 이 시기 동안의 변화는 앞선 변화에 비할 수 없이 급격한 속도이다. 모계중심 사회에선 미개한 상태이긴 했으나, 지배자와 피지배 관계가 없었으나 농경사회로 접어들면서 완전히 삶의 패러다임이 바뀐다.

우라노스가 수치심으로 우주의 관장을 포기하자 가이아는 크로노스를 신들의 지배자로 삼았다. 일단 아버지로부터 정권을 창출한 크로노스는 자신도 자식으로부터 모욕을 당할지도 모른다는 불안감 때문에 자식들이 태어나는 것을 좋아하지 않았다. 오히려 자식들이 태어나는 것을 두려워했다. 아버지가 자식들을 어머니의 자궁 속 깊은 곳 타르타로스로 던져 버렸다가 실패한 것을 교훈으로 삼았다. 우선 제 손으로 아버지의 성기를 잘랐다는 죄악에 전율했다. 다음으로 어머니 가이아가 두려웠다. 여자란 존재가 무서웠다. 크로노스는 여자를 믿지 않기로 했다. 자신의 자식들을 어떻게 지배할 것인가, 여자를 어떻게 지배할 것인가를 그는 고민했다.

　　고민 끝에 그는 자식들을 자신이 잡아먹어야겠다는 판단을 했다. 레아와 결혼한 크로노스는 자식이 생겨서 나오기만 하면 얼른 자기 입으로 삼켜서 자기 안에 가두었다. 그렇게 하여 헤스티아, 데메테르, 헤라, 하데스 그리고 포세이돈을 낳자마자 삼켰다. 자식들을 자기 안에 가둔 동안은 시간이 멈추었고, 그 동안은 시간이 정지해 있었다. 한편으로는 여신 레아를 늘 감시했다. 레아가 생산할 것이 있다면 즉시 삼켜야 하기 때문에 다섯 신은 세상을 볼 수 없었다.

　　압제와 강제의 시작을 연 크로노스, 단순한 남자들의 지배욕이 만든 변화다. 크로노스는 여섯 번째 아이가 나오기를 노심초사 기다린다. 생산물의 축적이자 자기 세력 불리기의 일환이다. 그는 아내가 다른 생각을 품으리라 전혀 생각하지 않는다. 세상은 그대로, 시간은 그냥 흘러가리라 믿는다.

　　크로노스의 품에서 크로노스를 벗어나지 못한 신들은 특정한 신의 역할을 부여받지 못한다. 아버지의 모두를 답습할 뿐이다. 아버지의 품, 아버지의 권위, 그것이 그들 세계의 넓이다. 선택의 여지도 없다. 제자는 스승을 따라하거나 답습해선 스승을 넘어설 수 없다. 지나친 사랑은 진정한 사랑이 아니라 집착이다. 제자는 스승을 뛰어 넘고 스승은 제자가 자신의 장벽을 넘도록 응원하는 것이 진정한 사제지간이다. 지나친 존경은 존경이 아니라 숭배다. 보다 나은 전진을 위해선 그 누구도, 그 무엇도 넘을 수 있다는 자신감을 가져야 하고, 넘어설 틈새를 엿봐야 한다. 크로노스의 다섯 자식은 도전 없는 답습, 기존 체제의 순응, 닫힌 마인드의 존재들을 상징한다.

인간은 세월의 속도를 이길 수는 없지만 시류 또는 시간의 흐름을 다른 방향으로 바꿀 수는 있다. 세상 모든 피조물 중에 인간은 가장 폭넓은 지역에서 살고 있다. 가장 다양한 방식으로 생존한다. 이를 위해서 인간은 환경을 파괴하려 들고 운명을 거부하려 드는 피조물, 창조자를 모방하는 피조물이다. 지나친 욕망 덩어리 인간은 크로노스처럼 살아 있는 한 욕망을 쉽게 포기하지 않는다. 그리고 자신을 과신한다. 고집스럽게 어울리지 않으면서도 그 자리를 제 것인 양한다. 그러다 결국 크로노스처럼 비참하게 자리에서 쫓겨난다. 자신은 헌 술임에도 여전히 새 술로 착각한다. 대부분의 실패하는 리더의 전형이다.

제우스의 탄생, 아버지의 범주를 벗어나다

　　인간은 동물인 이상 환경의 지배를 받는다. 반면 다른 동물들이 환경에 적응하면서 생존하는 것과 달리 인간은 그 환경을 자신에게 맞춰 변화시킬 줄 안다. 인간은 적응을 넘어서 환경을 지배한다. 이처럼 인간은 환경을 지배하려는 끝없는 욕망을 갖고 있다. 이 지배 욕구는 인간에게 문명이란 선물을 가져다준다. 야만과 문명, 인간을 제외한 동물은 야만의 상태인 그대로 살아간다. 반면 인간은 문명이란 이름으로 계속해서 자연이든 환경이든 파괴하면서 앞으로만 나아간다. 이러한 행진은 끝없이 이어지다가 혁명이 일어나면 행진에 가속도가 붙는다. 이는 문화충돌이자 세대교체를 의미한다. 삶의 패러다임을 넘어서 사회구조 또는 새로운 국가체제로의 변혁을 의미한다. 삶의 여건이 바뀌면 모든 제도나 관습도 그에 따라 변한다. 새 술은 늘 새 부대를 필요로 한다. 이러한 원리를 하나의 혁명이라 한다.

　　화산폭발, 어느 날 갑자기 폭발이 일어난다고 우리는 생각한다. 그러나 우리가 감지 못했을 뿐 그 깊은 심연에선 마그마 등 고형물이 오랜 기간 준비하다, 곪을 대로 곪은 종기가 99가지의 조짐 중 마지막 1의 원인으로 터지듯 폭발한다. 지진도 역시 그런 조짐은 필연이다. 인간 삶 구석구석에 우연은 없다. 이처럼 민심이반이나 민심이반에 따른 혁명은 보이지 않는 곳에서 움튼다. 그러다 아주 작은 결정적 계기로 일어난다. 겨우 내내 준비하지 않고 돋는 새싹이 없듯이.

제우스는 탄생과정부터 다른 신들과 달랐다. 성장과정도 달랐다. 그런 다름이 그를 유능한 신으로, 최고의 신으로 성장하게 했다. 크로노스는 철저하게 레아를 감시했지만, 그렇게 시간을 멈추었지만, 크로노스도 결국 제우스와 그의 형제들에게 권력을 빼앗기고 말았다. 그도 그토록 여자를 조심했지만 그에 대적할만한 힘을 몰래 만든 장본인은 그의 아내 레아였다. 제우스가 권력을 차지하는 데에는 어머니 레아의 역할이 컸다. 아이를 낳자마자 먹어 치우는 남편을 볼 때마다 레아는 역겨운 마음을 억누를 수 없었다. 그래서 그녀는 그녀보다 훨씬 먼저 남자를 겪은 어머니 신 가이아에게 조언을 구하여, 지혜를 얻었다.

레아는 가이아가 시키는 대로 출산일이 임박하자 남편 몰래 크레타로 건너갔다. 가이아의 조언대로 그녀는 제우스를 낳을 때는 남편의 눈에 띄지 않게 크레타 섬에 위치한 이다산의 은밀한 딕테안 동굴에서 몰래 낳았고, 자식이 나오기를 이때나 저때나 기다리던 크로노스에게 큰 돌을 강보에 싸서 건네주었다. 크로노스는 그것이 자기 아들인줄 알고 단번에 삼켜버렸다. 경계를 늦춘 사이 레아는 제우스를 은밀한 동굴에 숨겨

두고 님프 아말테이아에게 기르도록 맡겼다.

덕분에 제우스는 크로노스의 영향을 받지 않고, 부모의 간섭 없이 그곳에서 자랐다. 일 년 만에 완전한 어른으로 성장한 제우스는 본토로 건너왔다. 제우스에게 할머니 가이아는 크로노스의 잘못을, 시대의 흐름을 멈추게 하려는 크로노스의 부당함을 제우스에게 알려주었다. 크로노스를 물리치고 그 안에 갇힌 형제와 자매를 구하라는 조언도 했다.

아버지의 영향을 전혀 받지 않고 자란 덕분에 제우스는 형제들이 못 본 세상을 볼 수 있었고, 자신만의 고유한 경험을 쌓을 수 있었다. 폐쇄적인 사고가 아닌 열린 사고를 가질 수 있었고, 유연한 사고를 가질 수 있었다.

제우스는 크로노스에게 맞서기 위해 그 앞에 선다. 크로노스는 깜짝 놀란다. 제우스는 감히 크로노스에게 도전을 선언한다. 크로노스 역시 제우스를 업신여기고 시합을 청한다. 레슬링으로 승부를 가른다. '패자는 승자가 주는 벌을 달게 받는다.'는 약속을 한다. 드디어 둘의 양보 없는 싸움이 시작된다. 물론 힘으로는 크로노스가 앞서지만 균형 잡기는 제우스가 앞선다. 승자는 제우스!

둔감한 남자, 둔탁한 남자 크로노스는 아내 레아가 찾는 작은 균열을 대수롭지 않게 여긴다. 너무 압제하면 압제 당하는 자의 입장에선 여러 탈출구를 찾으려 한다. 그리고 언젠가는 작은 틈이라도 찾아낸다. 지나친 압제는 자신의 발등을 찍게 하는 것임을 레아는 실증적으로, 제우스를 통해 보여준다. 영원한 지배의 주체는 없다. 구세대의 상징, 관습을 답습하는 존재 크로노스는 퇴장한다. 크로노스가 폐쇄적, 획일적인 사고를 가졌다면 제우스는 균형 잡힌 사고와 유연한 사고를 가졌다는 의미이며, 시대의 흐름에 걸맞은 사고의 승리라 할 수 있다.

　　새 시대를 여는 존재 제우스는 형제들과 탄생 신화가 다르다. 또 아버지의 생존교육의 범주에서 벗어난다. 크로노스의 모든 자식은 오직 농경만을 생존방식으로 배운 반면 제우스는 농경과는 전혀 관계없이 님프 아말테이아의 양육을 받으며 이다산 딕테안 동굴에서 성장한다.
　　자유로움, 융통성, 자율, 자주의 대명사 제우스가 등장한다.'로 설명하는 것이 혁명이요, 세대교체이다. 농경의 신 크로노스의 영향권 밖에서 성장한 제우스만이 크로노스의 장벽을 넘어선다. 제우스는 스스로 선택한다. 스스로 도전한다. 혼자의 힘으로 큰 벽을 넘는다. 뿐만 아니라 자신의 형제자매도 빛으로 인도한다. 의존을 넘은 독립, 구속이 아닌 선택, 순응이 아닌 도전, 적응을 넘는 변화, 제우스는 그런 영웅의 원형이자, 새 시대를 여는 통찰력이 가득한 리더의 전형이다. 혁명가의 훌륭한 모델이다.

제우스의 권위 탈출 리더십

열린 사고를 가진 리더는 충언을 잘 듣는다. 비록 쓴소리라 해도 기꺼이 받아들인다. 그렇지 않고 자신만의 고집, 아집 또는 어떤 편견에 사로잡힌 리더는 오래 가지 못한다. 우선 고집대로 무언가를 추구하는 동안은 카리스마를 유지할 수 있으나, 편협한 방법에 따른 비생산적인 일들이 벌어지면서 권위를 잃고 만다.

진정한 리더는 항상 새로운 에너지를 충전할 준비를 한다. 조언을 받아들이는 경청의 자세를 유지하며, 또한 일을 지혜롭게 처리하며 상벌을 공정하게 내린다.

아직 단단한 힘을 갖추지 못한 제우스는 기준점을 세워 중심을 잡은 다음 우군을 만들려 한다. 어떤 선입견을 가지면 정말 중요한 우군을 얻지 못한다. 경우에 따라 나보다 어느 면에서 더 월등한 인재를 우군으로 삼아야 한다. 그걸 두려워하면 자기 안에 갇혀서 쓸모없는 존재, 아부만 일삼는 인물, 그림자 같은 사람만 우군이라며 데리고 있는 꼴이다.

훌륭한 새 지도자 제우스는 할머니 가이아의 조언을 따라 자신의 영역 한참 너머에서 우군을 찾는다. 자신의 위치가 흔들리거나 위험할 수도 있지만 과감한 결단을 내린다. 할머니 가이아 여신의 조언을 받아들여 가이아의 다른 자식들을 타르타로스에서 해방시켰다. 가이아는 제우스에게 브리아레오스, 코토스, 기게스 등과 연합하면 승리와 영광스러운 명예를 얻을 수 있을 것이라며, 그들을 해방시켜 제우스의 편으로 만들라고 조언했다. 할아버지 우라노스는 특히 헤카톤케레이스들을 미워했다. 이들은 덩치가 어마어마하게 커서 자식들이었지만 그에게는 위협적인 존재로 느껴졌고, 그들은 힘도 어마어마하게 강했다. 그런 이유 때문에 우라노스는 마음속 깊이 미워하여 그들을 단단한 쇠사슬로 묶고는 아주 깊은 지하세계인 타르타로스에 가두어 버렸었다. 이들은 지하 세계에서 고통스럽게 살아야 했다. 오랫동안 비애를 느끼며 괴로워하고 있었던 이들은 제우스의 도움으로 해방되자 제우스에게 충성을 맹세했다. 또한 제우스는 우라노스의 아들들인 키클로프스들, 즉 천둥의 신 브론테스, 번개의 신 스테로페스, 벼락의 신 아르게스를 타르타로스에서 해방시켜 주었다.

이처럼 제우스는 정권유지를 위한 하나의 방법으로 자신과 적대 관계에 놓인 크로노스의 형제들인 티탄신족과의 일전을 앞두고 서자들처럼 대우받지 못하는 아버지의 형제들을 지하세계에서 해방시켜줌으로서 자신의 편으로 만들었다. 그러한 제우스의 지혜로운 처신은 자신의 권력을 탄탄하게 하는 계기가 되었다.

제우스에게 패하여 물러난 크로노스가 가만히 있을 리

없었다. 이제 제우스의 형제들을 중심으로 한 신족들과 아버지 크로노스를 중심으로 한 티탄신족간의 일전이 벌어졌다. 티탄신족과의 싸움인 티타노마키아였다. 정통 티탄 신족들은 크로노스를 따랐으므로 제우스를 따르는 신들과는 적대관계로 대립할 수밖에 없었다. 프로메테우스를 비롯한 몇몇 신족들, 외눈박이 키클로페스, 100개의 팔을 가진 거인들 헤카톤케이레스 등 쟁쟁한 신들은 제우스 편에 가담했다.

한편 티탄 여신들과 오케아노스, 헬리오스 등은 입장이 애매하여 그 싸움에서는 빠지고 방관하는 입장으로 돌아섰다. 티탄신족은 전력이 많이 약화 되었지만 오토리스 산을 성채로 삼았고, 제우스 쪽은 올림포스 산을 본거지로 삼아 격렬한 전쟁을 벌였다. 싸움은 10년간 지속되었고, 저승의 가장 깊은 곳에 있는 타르타로스로부터 100개의 팔을 가진 거인들을 끌어들인 제우스 편이 유리했다.

신들의 전쟁은 어느 전쟁이건 10년이라는 기간 동안 벌어지는 공통점이 있다. 티타노마키아 전쟁이 10년간 벌어졌고, 이어서 벌어질 기간토마키아 전쟁도 10년간, 인간들의 전쟁이기도 한 트로이 전쟁(기원전 1194~1184)도 10년간이었다.

양측의 싸움은 막상막하였다. 꼬박 십 년이 넘도록 고통스러운 전쟁을 계속했지만 양측의 싸움은 끝날 것 같지 않았고, 그 결말도 알 수 없었다. 이제는 마지막 일전을 벌여야겠다고 판단한 제우스는 그 세 거인들 브리아레오스, 코토스, 기게스에게 신들이 먹는 넥타르(꽃꿀, 과즙음료)와 암브로시아(신들의 불사 음식) 등을 나누어주었다. 넥타르와 맛있는 암브로시아를 먹게 하자 거인들의 가슴속에서 거친 성정이 솟아올랐다. 제우스는 그들을 독려하여 말했다.

"나는 당신들을 타르타로스에서 구하여 빛을 보게 했소. 당신들은 물론 내 아버지와는 형제지간이긴 하지만 늘 그들로부터 멸시만 받아왔소. 하지만 나는 당신들에게 호의를 베풀었고, 앞으로 이 전쟁만 승리로 끝나면 고마움의 표시로 좋은 역할을 맡길 것이오. 티탄 신족과 우리 크로노스의 자식들은 벌써 오랫동안 승리와 권력을 쟁취하기 위해 날마다 싸우고 있소. 지금이야말로 이 위험한 싸움터에서 티탄 신족에게 당신들의 힘과 무적의 팔의 위력을 보여줄 때이요, 지난 날 고통스러웠던 타르타로스에서의 생활을 생각해 보시오. 만일 우리가 이 싸움에서 패한다면 다시 그 곳에 갇히고 말 것이오. 그러니 이제 온 힘을 다해 나를 도와 이 전쟁을 승리로 끝내도록 합시다."

그러자 그들은 제우스에게 충성을 맹세했다. 의기충천한 올림포스의 신들의 마음속에서는 전보다 훨씬 더 싸우고 싶은 욕구가 맹렬히 불타올랐다. 이제 올림포스의 신들은 남녀 할 것 없이 힘을 합쳐 전투에 참여하여 격렬하게 싸웠다. 제우스에 의해 지하세계에서 해방된 엄청난 힘의 소유자들인 세 거인이 선두에 나서서 용감하게 싸웠다. 제우스의 형제들과 이세 거대한 신들은 힘을 합하여 최후의 일전을 벌였다. 누구보다도 이 세 거인은 이날 전투의 영웅이었다. 거인들의 겨드랑이에서는 100개의 팔이 똑같은 길이로 튀어나와 있었고, 든든한 어깨위로는 50개의 흉측하게 생긴 머리가 돋아나 있었다. 이들은 그 강한 손으로 커다란 바위를 들어서 티탄신족을 향해 던져댔다.

티탄신족도 쉽게 물러나지 않았다. 티탄 신족도 결연히 맞서서 격렬한 전투를 벌였다. 서로가 상대를 향해 던져대는 돌은 공중을 날아 무서운 바람소리를 내며 오고 갔다. 그러자 끝없는 바다는 무시무시한 포효소리를 내었고, 대지는 큰 소리로 인해 엄청난 진동이 일어났고, 한없이 넓은 하늘도 온몸을 흔들며 긴 신음소리를 냈다.

양측이 맞부딪치면서 제우스 편이 진을 친 올림포스 산은 신들의 전쟁으로 그 밑이 뿌리째 흔들렸다. 거대한 신들의 둔중한 발걸음, 양측이 맞부딪칠 때마다 날카로운 비명소리, 양측이 상대를 향해 던져대는 커다란 바위들은 그 깊고 깊은 타르타로스도 심하게 진동했다. 서로가 엄청난 돌을 던지고 피하고 받아내는 격렬한 전투로 양측 모두 극심한 고통을 겪었다. 힘을 돋우기 위해 양측이 질러대는 함성 소리로 별이 총총

한 하늘도 부르르 떨었다.

전투는 어떻게든 사생결단을 내야만할 막바지로 접어들었다. 제우스도 가만히 있을 수만은 없었다. 자칫 잘못되면 제우스 자신이 타르타로스에 갇힐 수도 있는 상황이었으므로 사생결단하는 마음으로 제우스도 용맹하게 싸웠다. 제우스는 키클로페스 형제들로부터 받은 결정적인 무기인 벼락과 번개와 천둥을 가지고 선봉에 나섰다. 제우스는 하늘에서 내려오며 번개를 던지면서 올림포스 산에 도착했고, 올림포스 산에서 상대를 향해 엄청난 파괴력을 가진 번개와 천둥을 쉴 새 없이 던지면서 지상으로 내려왔다. 제우스는 그의 강한 손으로 번개와 천둥과 눈부신 벼락을 상대를 향해 사정없이 퍼부었고, 계속해서 무시무시한 불을 뿜어댔다. 그 바람에 비옥했던 대지는 그 불에 맞아 사방에서 진동하고, 광활한 숲은 불타기 시작했다. 온 대지는 지글지글 끓어오르고, 드넓은 바다는 물론 오케아노스의 물결도 부글부글 끓어올랐다.

그 엄청나게 뜨거운 열기는 티탄신족의 진영으로 몰려들었다. 그 열기로 티탄 신들은 괴로워서 어쩔 줄 몰라 했다. 거대한 불기둥은 공중으로 솟구쳐 올라 신성한 하늘에까지 닿을 정도였다. 번개와 벼락의 빛 때문에 티탄신들은 눈을 뜨기도 힘들어서 괴로워했다.

귀를 찢을 듯 퍼져 나오는 굉음, 전투를 독려하는 엄청난 함성, 신들의 자지러지는 비명, 번쩍거리는 번개 불빛들, 지축을 흔드는 천둥소리, 하늘도 땅도 바다도 심하게 진동하여 곳곳에 지진이 나고, 화산처럼 불기둥이 곳곳에서 솟구쳐 올랐다. 위대한 제우스의 무기인 천둥과 번개와 연기 나는 벼락이 무서운 위력을 발휘하면서 전투의 판세는 제우스 편으로 기울었다. 결국 전쟁은 거대한 신들의 도움을 받은 제우스의 승리로 끝났다.

혁명의 시기의 지도자는 과감해야 하고 모험도 감수해야 한다. 현상유지를 목표로 삼는다면 그는 국가의 지도자감은 아니다. 자신보다는 티탄신족에 가까운 거인들을 자유롭게 풀어준 제우스는 모험의 리더십, 결단의 리더십을 보여준다. 제우스는 그들을 차별하지 않았다. 확실한 자유를 주고 신들의 음식 암브로시아와 음료 넥타르를 동등하게 나눈다. 은혜를 베푸는 감동의 리더십으로 제우스는 그들의 마음을 확실히 얻는다. 많은 빚을 진 경우에 더 충성한다는 이치를 제우스는 알았다. 쉽지 않은 적일 수도 있는 인재를 우군으로 삼는 지도자라야 진정한 지도자라는 것을 제우스는 실행으로 보여준 것이다.

훌륭한 리더는 미래의 적을 현재의 우군으로 만든다. 진정한 리더는 적을 우군으로, 우둔한 리더는 우군도 적으로 만든다 이처럼 혁명의 시대에는 옴파로스가 상징하는 제로오

체제의 지향점, 우군으로 삼은 거인족들로 보여주는 참 인재의 등용, 시대를 리드하는 제우스로 상징되는 현명한 리더의 3요소가 꼭 필요하다. 신화는 이점에서 훌륭한 리더십, 새시대 통찰력의 바이블이라 할 만하다. 편 가르기를 하지 않고, 통합할 수 있는 리더, 진정한 용기를 가진 리더라야 21세기의 험난한 바다를 건널 수 있다.

아버지에게 구토제를 먹인 제우스

동굴, 빛이 전혀 없는 동굴에서 모든 물체는 명확하게 보이지 않는다. 입구가 있으니 그나마 빛이 조금씩 들어오니 물체는 거뭇거뭇 보일 뿐 색이 없다. 그림자처럼 보일 뿐이다. 그런데 동굴 밖은 총천연색이라 모양과 크기와 색이 구분 가능해 아름답다.

플라톤은 동굴의 비유로 이데아를 설명한다. 천상에 있는 이데아는 마치 동굴 밖 풍경과 같다면, 지상의 자연은 이데아의 그림자로 동굴 안의 물체와 같다는 것이다. 마치 우리 모두는 동굴 안에 있는 것과 같다. 그런데 누군가 동굴 밖 세계를 발견한다. 혼자 나가지 않는다. 그는 다시 못 나올 수 있으나 다시 안으로 들어간다. 그리고 그들을 설득하여 동굴 밖으로 안내한다. 이것이 플라톤의 이름을 딴 플라토닉 러브로, 이데아를 향한 진정한 사랑이다.

리더는 어둠 속에서 빛으로, 그림자의 세계에서 천연색의 세계로 안내하는 자와 같다. 제우스야 말로 형제들 중 제일 먼저 동굴 밖 빛의 세계를 발견하고, 다시 나오지 못할 위험을 무릅쓰고 동굴 안으로 되돌아가서 무기력한 이들을 이끌고 나오는 플라토닉 러브를 실천한 현자의 원형이라 할 만하다.

제우스가 크로노스에게 벌로 무엇을 내릴까? 제우스의 고민은 오케아노스의 딸 메티스가 해결해준다. 사려 분별의 여신 메티스는 제우스에게 구토제를 건네주면서 그것을 크로노스에게 먹이라 한다. 구토제를 먹은 크로노스는 삼킬 때와는 역순으로 토한다. 우선 마지막으로 삼킨 돌, 그 다음 포세이돈, 하데스, 헤라, 데메테르 그리고 헤스티아의 순으로 토해낸다. 제일 먼저 토해낸 것은 제우스인 줄 알고 먹었던 돌, 제우스는 그 돌을 가져다 승리의 기념으로 파르나소스 산 기슭의 성스러운 피토의 대로변에 세운다.

제우스는 크로노스와의 시합에서 승리하여 형제자매들을 구한 후, 자신을 대신한 돌이자 제일 먼저 나온 돌을 취하여 "내가 아버지와 겨루어 이겼다!"는 글자를 새긴다. 그리곤 독수리 두 마리를 동서로 날려 둘이 가이아 전체를 한바퀴 돌아 다시 만난 지점, 가이아의 배꼽, 세상의 중심인 델피에 기념비를 세우니 옴파로스이다. 옴파로스는 지구의 중심이란 상징적인 지표로 통한다.

마음은 보이지 않기에 표식이 마음을 대신한다. 또한 형식은 실질을 지배하기도 한다. 그래서 표식은 중요하다. 중요한 표식이 있는 곳, 델포이는 모든 명령의 권위이자 중심이다. 그곳에 모든 문제의 해결책을 제시하는 신탁이 있음은 당연하다. 제우스의 권위는 옴파로스이다. 옴파로스는 새로운 제우스 체제의 기준점이다.

조선을 건국한 정도전이 국가정체의 이념을 오상인 인의예지신으로 정하고, 이를 표하기 위해 동에 흥인문, 서에 돈의문, 남에 숭례문, 북에 홍지문을 건립하고, 이 넷을 이룸에 필수인 가장 중요한 신을 그 한가운데인 종로에 보신각을 세웠으니 조선의 가장 중심은 보신각이요 중심원리는 믿을 신이 아니던가! 기념비란 표식은 동서고금을 막론하고 가장 중요한 그 무엇에 대한 상징이다.

제우스의 할아버지인 우라노스는 제우스에게 조언하기를, "아직 몇 번의 위기를 넘겨야 할 것이야. 내가 네 아버지에게 배신당하고 사내구실도 못하게 된 것을 잊지 말아라. 권력이란 언제 어디서 끊어질지 모른단다. 권력을 잃으면 권력 유지에 방해되는 세력은 네가 불한당들을 타르타로스에 가두듯이, 그들도 너를 가둘 거야. 그러니 혹시 모를 그때를 미리 준비하도록 해라. 다음에 전쟁이 닥칠 거다. 그 전쟁은 이제 신들만의 싸움으로 끝나지 않을 테니, 그때는 신이 아닌 외부의 힘을 끌어들이는 쪽에 승산이 있을 거야." 라고 충고했다.

이 조언을 들은 제우스는 시간만 있으면 인간 세상에 내려가 인간들과 친해지려 노력했다. 차후 벌어질 수도 있는 정권투쟁을 위한 준비로 제우스는 아주 강하고 용감한 사람을 자기편으로 만들 생각이었다. 제우스는 인간 여인들 중 가장 현명하고 아름다운 여인과 정을 나눠 신들 못지않은 강한 영웅을 만들 생각이었다.

이후에도 이 세상엔 이들 어리석은 남자들을 닮은 신들의 후손, 인간들의 후손이 태어났다. 삼손과 데릴라의 경우처럼 여자는 남자를 사랑하지만 남자를 망하게 하는 원리로 작용했다. 폭력과 사랑이란 상반된 힘의 원리, 달콤한 유혹과 멸망의 원리는 고스란히 세상을 지배하는 힘의 원리가 되었다.

두려워하면 갇힌다. 열린 사고를 하지 못한다. 항상 경계하고 두려워한다. 그것을 감추기 위해 권력을 남용한다. 두렵기 때문에 가두고 꼼짝 못하게 한다. 크로노스가 그러했고, 우라노스도 그러했다. 하지만 제우스는 그들과 달리 과감하게 그들을 등용했다. 물론 그에 걸맞은 대우를 했으며, 베풀었다. 자유를 원하는 이들에게 가장 소중한 것이 자유임을 안 제우스는 그들에게 자유를 주어 빛을 주었고, 거기에 더하여 보상을 했다.

상과 벌은 이처럼 중요하다. 두려운 상대를 자신의 수하로 쓸 수 있는 용기와 유연성, 과감한 결단이야말로 강한 리더십의 원천이다. 두려움을 극복하는 리더, 자신보다 강한 존재를 부릴 수 있는 용기 있는 리더, 때로는 적을 내 편으로 만드는 유연한 리더가 강한 리더이다.

승자 제우스의 분배 정의,
모두 나눠주고 마지막 남은 하늘 차지

사람살이는 참 복잡하다. 다양한 인식을 할 수 있는 인간, 인식하는 사실들을 욕망으로 삼는 인간, 이에 따라 앎의 양과 욕망은 정비례한다. 또한 욕망의 양과 금기의 양은 비례한다. 금기목록이 두꺼울수록 자유는 억압당한다. 많이 알수록 부자유스럽고 적게 알수록 자유스럽다. 자유목록이 같다 한들 인식에 따른 심리적 온도차가 다른 때문이다. 생산이 있은 후엔 분배가 따른다.

제우스는 아버지 크로노스로부터 정권을 쟁취하고는 한동안 정권을 안정시키려 노력했다. 전쟁이 끝나자 제우스에겐 분배의 과제가 남았다. 크로노스 이전에 배분의 문제는 아예 논외였으나 제우스는 분배하려 했다. 논공행상論功行賞 대로 하면 이전과 별 다를 바 없었다. 그렇게 따지면 피상적으로는 전쟁을 종결짓도록 신무기를 제공하고 대단한 힘을 발휘한 거인족들의 공이 컸다. 무형의 능력, 힘을 이끌어내고 힘을 발휘하게 하는 통찰력을 높게 평가한다면 제우스가 최고의 공로자였다. 적어도 제우스는 분배 정의를 말할 자격이 충분했다.

제우스는 당당하게 분배 방식을 선포한다. 제우스는 우선 지배권역을 지하세계, 대양계, 천상계, 셋으로 나눈다. 이 지배권은 올림포스 신들의 중심축인 제우스를 비롯한 삼형제의 몫으로 한다. 그 이하는 능력에 따라 역할을 부여한다. 또한 신들을 받드는 인간도 무조건 신들에게 복종하게 하기보다는 적어도 인간은 자신들의 수호신을 인간들 스스로 선택하게 한다.

이를 기본으로 이 세 영역을 삼형제가 제비를 뽑아 나누기로 했다. 뽑는 순서는 연장자 순이었다. 제우스는 자신이 최우선의 자격이 있음에도 과감히 양보했다.

제우스의 제안대로 우선 하데스는 가장 자원이 많은 지하세계를 뽑았다. 덕분에 하데스는 가장 풍요로운 지하의 모든 자원의 주인이 되었다. 하데스는 로마신화에선 플루토와 동일시한다. 이는 부자라는 의미이다. 이 단어에서 파생된 단어가 플루토늄이다.

이어서 포세이돈은 그보다 자원이 부족하지만 물을 다스릴 수 있는 바다를 뽑았다. 지상의 모든 물 판비원을 포함한 권리이기 때문에 뭍도 일정부분 영향력을 가졌다. 당시 믿음은 샘에서 시작된 물이 점차 커져서 바다로 흘러드는 것이 아니라 뭍의 샘들은 모두 바다에서 물을 제공해야 솟는 것으로 생각했다. 따라서 하데스 다음으로 많은 부와 권력을 뽑은 셈이었다.

제우스는 그제야 마지막 남은 하늘을 차지한다. 하늘에선 당장의 재화는 없다. 현실적으로는 제일 안 좋은 걸 차지한 셈이다. 뽑을 것도 없다. 선택의 여지없이 나머지가 제우스의 몫이다. 상황적으로는 제우스가 선택의 최우선권이 있으나 제우스는 자신이 과감히 양보함으로써 어느 누구도 불평할 수 없게 한다. 뭔가 급박하게 힘을 모아야 할 때는 내분이 일어나는 예가 적으나 전쟁에서 승리 후 논공행상에 따른 분배를 할 때 내분이 더 잘 일어난다는 걸 제우스는 알고, 배려를 우선해야 함을 제우스는 보여준다. 그럼으로써 제우스는 재화 대신 지휘권을 얻는다.

이렇게 하데스는 지하자원, 포세이돈은 물, 제우스는 다스림을 차지했다. 이를테면 두 형은 물적자원을 얻었다면 제우스는 지적자원을 얻었다. 둘은 현재의 부를 선택한 반면 제우스는 미래의 비전을 선택했다. 그만큼 아버지 수하에서 좁은 시각으로 살아온 둘은 근시안적으로 세상을 본 반면 제우스는 거시적인 통찰력으로 세상을 봄으로써 재산 대신 권력을 얻었다.

　　제우스는 이 세계를 하나로 두지 않고 셋으로 나누었으니, 하나를 셋으로 분리하기, 이것이 곧 창조다. 하늘이 다르고 땅이 다르고 바다가 다르다는 것을 발견한 것이다. 그가 맡은 하늘엔 아무것도 없다. 다른 존재가 보기엔 아무것도 없으나 제우스는 그 안에서 새로운 것들을 발견한다. 남들이 보기엔 무에서 유를 창조하는 것이지만 무에서는 절대로 유는 나올 수 없다. 보는 시각이 다를 뿐이다. 제우스의 창의력, 그것은 다른 눈이다. 남과 달리 세상을 보는 눈, 곧 남과 달리 하늘을 보는 눈 덕분에 그는 최고의 신들의 제왕으로 우뚝 선다.

　　리더는 미래의 비전, 분배 정의를 위한 양보, 권한 남용을 방지하기 위한 자율과 책임의 솔선수범하는 모범을 보여야 한다. 타고난 판단력과 통솔력을 갖춘 제우스는 타고난 친화력과 과감한 용기로 권력을 삼등분함으로써 민주정체의 문을 연다. 사람을 움직이는 중요한 신체 기관이 머리이듯, 리더는 사람으로 치면 두뇌에 해당한다. 다른 이들보다 명석해야 함을, 보이지 않는 지휘권이 보이는 물권物權을 능가하는 이유를 제우스는 보여준다.

제우스가 연 민주주의, 균형과 조화

　　두려움의 세계는 좁다. 두려운 사람은 스스로 자기 안에 갇힌다. 자기 안에서 자기의 소견으로 자기의 방식대로만 세상을 본다. 그는 점차 좀생이가 된다. 게다가 아집만 생긴다. 남의 말은 믿지도 듣지도 않는다. 자신이 아는 것만, 믿는 것만 전부인 것으로 착각한다. 그때부터 주변엔 아부하는 사람과 예스맨만 모인다. 그들의 특징은 무조건 칭송하기, 무조건 받들기이다. 점차 명색만의 리더는 사람의 장막을 친 그들에게 세뇌당해 자신의 정체성을 잊는다. 불행은 대다수의 구성원의 몫으로 돌아온다. 지도자의 총기가 중요한 까닭이다. 한 소시민의 아집은 한 가정의 불행에 그치지만 한 사회의 리더의 아집은 그 사회의 분란을 일으킨다. 한 국가의 리더의 흐릿한 총기와 편협한 아집은 한 나라의 발전의 퇴보를 가져오거나 미래를 암울하게 한다.

　　제우스는 감히 거대한 크로노스에게 도전한다. 그리고 승리한다. 제우스는 과감히 자신의 권리를 내려놓고 화합을 고려한다. 제1의 선택은 하데스, 제2의 선택은 포세이돈, 자신은 제일 나중에 선택한다. 게다가 하위 분야도 능력에 맞게 책임을 맡긴다. 헤스티아에겐 취향에 맞게 가정과 화목을 맡긴다. 데메테르에겐 대지를 맡기면서 곡물과 씨앗을 관장하게 한다. 헤라에겐 결혼을 관장하게 한다. 그 외에도 하위분야로 디테일하게 책임을 맡긴다. 각 신들은 각자의 영역에서 최대한 권한과 책임을 동시에 갖게 한다. 아무리 제우스라도 그들에게 부탁할 수는 있어도 강제할 수는 없다.

이처럼 제우스는 적재적소에 인재를 배치한다. 그들에게 최대한의 권리를 주고 책임을 맡긴다. 권한과 책임의 조화, 자율과 조정을 중심으로 한 새로운 정체를 지향한다.

크로노스의 권력 독점, 온갖 금지와는 완전히 다른 정체다. 크로노스가 지향한 정체는 중세적 금기와 금욕 중심이라면 제우스가 연 정체는 인본주의적, 권한에 따른 책임, 자율에 따른 책임을 중심으로 한다.

강제로 얻은 질서는 늘 불안하다. 반면 자율과 책임을 중시하여 얻는 질서는 조화롭고 안정적이다. 제우스의 시대에 이르러 잡힌 질서를 코스모스라 한다. 접두사 cosmo가 우주와 연관된 단어가 많은 이유는 우주 자체가 질서이기 때문이다. 우주는 늘 질서에 따라 움직인다. 모두 있어야 할 적합한 자리에서 적합한 활동을 한다. 그러므로 질서는 인간 사회에서도 그 자리에 앉아야 할 사람, 그 자리에 적합한 인재가 그 자리에 앉으면 코스모스, 반면 그 자리에 안 어울리는 사람이 앉으면 카오스다.

우라노스는 방임형 리더였다. 모든 걸 기이아에 밑졌

다. 우유부단하고 오직 자신의 안일과 쾌락에 만족한 자유방임형 리더였다. 우라노스는 새로운 정체의 힘에 밀려 물러났다. 우라노스와는 아주 다른 크로노스는 독재형이었다. 모든 능력, 모든 재능, 모든 권력은 크로노스 안에서 벗어나지 못했다. 모두를 독점했다.

제우스는 자율을 통한 능력을 발휘하도록 새로운 장을 연다. 아버지의 통제, 달리 말하면 제도권의 통제 밖에서 성장하며 열린 사고를 가진 덕분이다. 세 리더의 전형, 이들은 사라지지 않는다. 우라노스처럼 무능한 리더, 크로노스처럼 권력만 휘두르며 변화를 두려워하는 편협한 리더, 제우스처럼 미래지향적인 참신한 리더가 있다.

제우스의 신화가 상징적으로 보여준 균형과 조화를 이룬, 열린 사고로 창의적인 질서를 향한 정체는 그리스를 민주주의의 시발지로 만들어준다. 헤겔이 말한 것처럼 정＿반＿합의 원리로 반복된다. 역사는 생방송인 듯싶으나 실제로는 재방송이다. 다만 레퍼토리는 같으나 등장인물이나 배우가 다를 뿐이다. 제우스는 셋 중 가장 불리한 여건에서 첫걸음을 내디딘 것이다.

제우스, 독점 가능했지만 권력 분배

인간은 짐승보다 훨씬 잔인한 악한 속성에서부터 천사처럼 아주 선한 속성까지, 짐승보다 훨씬 추한 속성부터 천사 같은 고상한 속성까지 아주 다양한 본성을 갖고 있다. 때문에 일정한 기준이 없으면 인간은 난장판에서 살 수밖에 없다. 그래서 인간은 짐승보다 나은 삶을 지향하는 법을 만들어 간다.

곧 인간은 사회적 동물이다. 이 사회에 잘 적응하는 존재의 모습을 인간다움이라 한다. 인간다움은 신처럼 착각하는 착취자가 아니라, 지배자가 아니라, 서로가 평등하게 더불어 삶을 추구하는 자의 것이다. 그런데 인간은 영악한지라 약자를 보면 지배하고 싶고, 가능하면 자신의 힘을 이용하여 자신이 유리한 위치를 점하고 싶어 하는 본성이 있다. 그렇게 자신의 안일을 추구하고 자신의 힘을 과시하려 한다. 이러한 본성 때문에 지배와 피지배의 관계는 유사 이래로 지속된다. '같은 인간이 같은 인간을 지배한다. 이것이 불합리하다'는 깨달음을 얻은 이의 덕분에 지배와 피지배의 부당함의 인식으로 탄생한 것이 민주적 사고이다. 물론 진정한 민주적인 자세는 사람 위에 사람 없고 사람 아래 사람 없다는 원칙이어야 하지만 실제로 민주주의 탄생은 적어도 이원화된 계급을 모토로 한다.

올림포스 신족은 신들 중 상층 신들이듯, 신들의 세계역시 계급이 달랐다. 이러한 헬레니즘 사상에서 탄생한 민주주의는 아주 이상적인 인본사상엔 미흡했다. 시민과 노예로 양분된 계급, 사람 위에 사람인 시민, 사람 취급 못 받는 노예, 이 상황을 전제로 한 시민만의 민주주의였으니, 진정한 민주주의로는 이념적으로 부족했다. 민주주의 속에 노예는 권리와 자유가 없었다. 그럼에도 지배계급의 억압과 착취로 개개인의 자유와 평등이 침해되는 것을 최소화하자, 인간의 존엄성을 수호하자, 집단 내에서 건전한 비판은 수용하자, 최대한 타협을 이루자, 이러한 취지는 훌륭했다. 다만 그 대상이 만인이 아닌 시민에 한정되었다는 한계는 있지만 타인에 대한 관용 정신, 다수결이라는 의사 결정 방식은 영악한 인간들을 감안하면 최상의 정체라 할만 했다.

물론 민주주의는 전체주의에 비해 훨씬 개인에게 자율성을 준다. 실제로는 부분적이지만 표면상으로는 평등을 지향하고 공평을 내건다. 시민 다수가 참여하고, 시민 다수의 의견을 물어 그에 따라 모든 사안을 결정하려니, 독재보다 더 많은 시간과 비용이 필요하고, 복잡한 절차를 거쳐야 한다는 단점은 있다. 그럼에도 천부적으로 동등하게 태어난 인간인 이상, 자신의 삶을 자신이 자율적으로 선택하고, 책임을 지는 인간다운 존재로 살려면 그런 불편은 감수할 수밖에 없다.

최고의 권력을 가질 수 있었음에도, 크로노스처럼 권

력을 독점할 수 있었음에도, 제우스는 권력을 나눈다. 또한 중요한 사안은 다수가 모여 결정하는 제도를 둔다. 즉 올림포스 회의로, 제우스가 창안한 올림포스 회의에 처음 구성원은 제우스, 하데스, 포세이돈, 헤스티아, 데메테르, 헤라 육남매와 선대인 아프로디테, 제우스의 자녀로 아테나, 아르테미스, 아폴론, 아레스 그리고 헤파이스토스, 총 열두 신이다. 이들은 각자 다른 영역의 책임을 맡고 일하지만 중요한 결정을 할 때는 올림포스에 모여 다수결로 결정한다. 크로노스는 모든 것을 혼자 판단하고, 혼자 선택하고, 혼자 결정하는 전제정치를 지향하고, 제우스는 다수의 신이 지배권역을 나누어 갖고 각자가 책임을 맡는 민주정체를 지향한다. 이러한 제우스의 권력 나눔과 다수결 결정은 그리스 직접민주주의의 토대를 제공한다.

민주주의, 민중이 주체가 되어 나라를 이끄는 주의, 민중이 주인이 되는 나라, 정확하게는 노예는 아닌, 아이는 아닌, 여자는 아닌, 남자이며 성인이며 시민이 주체인 나라의 민주주의는 데모크라시democracy라 한다. 데모스demos(민중 또는 자생적인 촌락)와 크라토스kratos(지배 또는 권력)의 합성어가 그 어원이다. 민중, 즉 다수가 다스리는 나라, 시민이 권력을 가진 나라란 의미이다. "레따 쎄모아L' Etat, c'est moi!", '짐이 곧 국가다'라는 프랑스의 국왕 루이 14세의 말과는 대척점에 있는 정체가 민주정체이다.

이처럼 그리스신화는 인간이 살아오면서 지향해온 권력 형태를 상징적으로 보여준다. 특히 제우스 시대의 권력분립과 다수결 원칙은 아주 오랜 이야기 속에 당시 도래하지 않았던, 생각할 수도 없었던 민주정체와 민주적 의사결정을 상징한다. 이처럼 기록이 없던 시대의 선조들의 이야기 속에 이러한 사상이나 제도가 배태되고 있었다니 실로 놀랍기만 하다. 그리스신화는 가장 오랜 과거이자 가장 오랜 현재요, 가장 오랜 미래라 할 만하다.

제우스 리더십은 균형추
"네가 삶을 바꾸지 못하면, 네 잘못이야!"

우리나라 헌법 1조 1항은 "대한민국은 민주공화국이다. 모든 주권은 국민으로부터 나온다."고 돼있다.

참 좋은 법조문이다. 그런데 국민의 범주가 문제이다. 문구상으론 모든 국민이지만 이를 받아들이는 리더의 진정성이 문제이다. 나의 국민이나 너의 국민으로 자신을 지지하는 편만 국민으로 인식한다면, 명목상의 국민일 뿐 진정한 의미의 국민은 아니다. 내 편의 국민만 국민으로 보느냐, 모든 국민을 국민으로 보느냐에 따라 좋은 리더 나쁜 리더로 나눈다. 그만큼 진정한 리더의 길은 어렵다. 리더도 보통 사람인지라 내 편만 보고 싶은 유혹이 크기 때문이다. 그럼에도 정치인은 항상 국민을 팔아 그 무기로 살아남으려 한다.

정치인의 DNA는 예나 지금이나 아쉬울 때는 을乙인 척 숙인다. 하지만 목표를 얻으면 갑甲으로 돌변한다. 그만큼 목표 지향적이다.

그러한 예를 잘 보여주는 게 그리스신화의 신들이다. 제우스는 변신에도 귀재이다. 그는 대부분 여자의 마음을 얻으려 여자가 원하는 모습으로 변신한다. 그는 원하는 바를 얻으면 원래의 모습으로 돌아간다.

정치인의 본질은 변신이다. 진정한 리더는 국민을 위해 변신하고 거짓 리더는 자신을 위해 변신한다. 긍정적이든 부정적이든 정치인의 자질은 변신으로 본래의 모습을 최대한 감추는 자질이 있어야 한다. 이러한 성향의 무리들로 이룬 집단이 나라를 이끌어가는 것이 동서고금의 진리이다. 오늘날의 민주주의의 근간은 고대 그리스보다는 진일보했음은 사실이지만 본질은 예나 지금이나 다를 바 없다.

헌법에서 말하는 민주주의는 고대 그리스를 시작으로, 프랑스 시민혁명을 넘어 링컨의 정치적 선언인 '국민에 의한, 국민을 위한, 국민의 정치'의 국민주권을 근간으로 한다. 진정한 민주주의의 주창자는 링컨이라 할 수 있다. 이를테면 국민 다수에 의한 정치요, 국민이 뜻에 따르는 정치요, 국민이 국가의 주인인 정치제도가 민주정치이다.

제우스의 1기 의회의 열두 신 중 하데스는 지하세계를 공고히 하기 위해 자진 사퇴하고 그 자리를 헤르메스가 차지한다. 또한 헤스티아 역시 가정의 수호신으로서의 역할에 충실하기 위해 사퇴하고 디오니소스가 차지한다. 이렇게 하여 이제 2기 의회는 사랑의 아프로디테, 통치의 제우스, 바다의 포세이돈, 대지의 데메테르, 결혼의 헤라, 지혜의 아테나, 지성의 아폴론, 숲의 아르테미스, 전쟁의 아레스, 불의 헤파이스토스, 전령의 헤르메스와 술의 디오니소스로 역시 열두 신이다.

새로 들어온 헤르메스는 우선 제우스와 님프 마이아의 아들로 새로운 계급의 대표성을 상징한다. 디오니소스는 제우스와 인간 여자 세밀레의 아들로 인간을 대표한다. 이제는 형식적으로 신, 님프, 인간의 전 계급을 아우르는, 3대를 아우르는 그리고 전 영역을 아우르는, 보다 민주적으로 진일보한 의회 구성을 보여준다.

기능적인 면으로는 새로 진입한 헤르메스는 전령 신으로, 지하세계는 물론 하늘까지 모든 영역을 자유롭게 오간다. 이는 수직적 소통을 상징적으로 보여준다.

반면 디오니소스는 술로 인간의 마음을 연다. 감정을 부드럽게 만든다. 때로는 실수하게 만들어 적나라한 욕망을 들추어낸다. 수평적인 소통을 상징적으로 보여주는 것이 디오니소스다.

고대인의 정신은 자유로운 영혼을 추구한다. 신화에 등장하는 신들은 실제 신이 아니라 그들이 바라는 인간상들이다. 그들은 자유롭다. 금기를 넘는다. 그런 신들 중 대표적인 신이 인간 여자인 세밀레에서 태어난 디오니소스다. 그는 자유와 방탕, 쾌락으로 상징되는 주신이다.

그리스신화는 인간의 적나라한 모습을 보여준다. 그러면서 자기 삶을 스스로 선택하되 타인에게 피해 주지 않는 중용의 지혜를 배우라 한다. 자신의 삶의 주인이 되는 삶, 이는 개인의 소중함을 중요하게 여기는 민주주의의 토대이다. 물론 크로노스와 같은 독재도 있으나 오래 버티지 못하고 사라지게 함으로써 타율은 비생산적이라는 교훈을 준다.

이런 점에서 시간의 흐름에 따른 다양한 영역의 분화와 함께 신들의 역할도 하나가 아닌 여러 역할로 분화한다. 이처럼 신들의 속성도 분화하여 헤르메스는 전령, 상업, 여행을 함께 맡는다. 시간이 흐르면 욕구도 분화하고 정치도 이에 따를 수밖에 없다. 이에 따라 진정한 정치의 발전에는 전 계급의 참여, 그리고 상하좌우 소통은 보다 세밀하게 이루어져야 한다는 것을 상징한다. 신화 역시 생물처럼 변신하며 존재를 리드한다 일찍이 이러한 그리스신화에서 인본주의의 시싱과 동시

철학을 발견한 고대 그리스에선 현대 민주주의에 비해 미흡하긴 하지만, 제정일치가 대부분이었던 당시를 감안하면, 아주 획기적인 민주정체를 시도한다.

그리스의 아테네라는 폴리스polis(도시국가)에서는 왕이 아니라 시민들이 나라를 다스렸다. 시민들이 직접 관리를 뽑았고 그 관리가 나라를 잘 다스리는지 지켜보았다. 만일 그 관리가 정치를 잘못하거나 제대로 못하면 시민들이 투표를 하여 그 사람을 국외로 추방했다. 또한 독재할 가능성이 있는 자를 가려 10년간이나 외국으로 추방하고 입국을 금지하는 도편제도가 있었다. 이때 여자나 노예, 외국인은 투표를 할 수 없었고 시민 출신의 성인 남자들만 투표를 할 수 있었다. 직접민주주의의 효시라곤 하지만 인정하긴 어렵다. 그럼에도 시민이라면 누구나 투표를 통해 공직에 나갈 수 있었다는 점에선 높이 평가할 만하다.

그리스신화의 승자는 민주적인 제우스다. 세상 경영에서 권력을 나눈다. 역할을 분담한다. 권리를 가짐과 동시에 책임을 진다. 동등하게 자기 분야는 간섭받지 않는다. 단 중요한 일은 협의하고 의결을 거친다. 이것이 제우스가 시작한 올림포스 식의 민주정체다.

수많은 신들이 있으나 열두 신만 이 의결에 참여한다는 의미에서 고대 그리스의 시민 민주정체와 통한다. 이를 본

뜬 민주정체의 최소단위가 데모스다. demos와 권력cratos의 합성어 데모크라시가 탄생한다. 데모스는 일반적으로는 자생하는 촌락을 지칭한다. 그러나 고대 그리스의 아테네, 에레트리아, 코스와 로도스 등의 폴리스에서는 데모스를 정치적인 최소단위로 본다. 특히 아테네의 클레이스테네스는 데모스를 정치적 근간으로 시민단을 재편한다. 일단 10개의 필라이phylai, 30개의 트리티에스trittyes, 150개의 데모스demos로 나눈다. 이 데모스는 규모가 일정하지 않다. 데모스의 규모에 비례하여 각 데모스에서 배정받은 대표자 수만큼 중앙에 파견한다.

기원전 4세기에 가장 큰 데모스는 아카르나이로 27명의 대표를 500인 회의 보울레에 파견한다. 반면 아주 작은 할리무스는 3명만 배정 받는다. 데모스는 대표자를 보낼 권리와 함께 각 데모스들은 규모에 따른 병력을 보낼 의무를 지는 대신 충분한 자치권리를 얻는다. 데모스는 각각 구성원의 명부를 보유한다. 특히 아테네에선 만 19세면 자기 가문의 데모스에 등록한다. 이 등록 명부는 시민권의 근거로 이용하고, 도시 내의 모든 재산과 거류 외인에 대한 기록도 데모스에서 보유하면서 국가에 필수적인 정보들을 제공한다. 동시에 데모스는 지역내 경찰을 두고, 토지도 소유하며, 독자적 관리를 둔다. 또한 정무관이라 할 데마르코스demarchos의 주재로 주민을 소집하여 자체에서 문제를 처리한다. 데모스는 최소의 자치국가인 셈이고,

아테네는 자치국가인 데모스들을 연합한 중앙정부라 할 수 있다. 이들 대표자들로 구성된 의결기구가 500인 회의로 보울레boule라 한다. 바로 이 500인 회의가 다수결 원칙의 민주주의의 모토이다.

이와 같이 고대 그리스에선 데모스를 풀뿌리로 한 민주주의를 시도한다. 이러한 자율적인 개인중심, 인간중심의 민주주의의는 시민 중심으로 출발한다. 그러나 중세에 접어들면서 헤브라이즘에 기반한 타율적인 집단중심, 신본주의가 지배한다. 476년 서로마제국이 막을 내리자 로마의 정치적 힘은 빛을 잃고, 당시 로마 국교인 기독교의 종교적인 권력으로 대체된다.

이때부터 개인은 금욕으로 일관해야 했다. 이러한 정치적 권력과 함께 사회적으론 봉건제로, 계급은 지배층과 피지배층 농노로 나뉘어, 농노는 거의 노예처럼 인간다운 삶은 꿈도 꾸지 못했다. 그나마 11세기 무렵 십자군전쟁(1905~1492년)으로 서에서 동으로, 동에서 서로 이동하는 무리들에게 편의를 제공할 물자를 공급할 필요로, 이를 업으로 삼는 이들이 생기면서 상업도시가 생겼다. 이들은 자신들만의 성을 쌓고 자율적인 운영을 하면서 자유민으로 생활했다.

이들이 쌓은 벽을 부르그bourg라 하고, 그 성안에 사는 사람들이란 뜻으로 그들을 부르주아지bourgeoisie라 한다. 이때 탄생한 이 용어는 나라에 따라 부르크나 부르 또는 부르그라는 접미사로 신흥도시에 붙는다.

이들 성안 사람들은 자유시민으로 대부분 상인·기업가를 비롯해 상공업에 종사했다. 이들 자유시민 부르주아지는 직업 특성상 새로운 세계와 접할 기회, 견문을 넓힐 기회를 얻었다. 이들은 농노보다 훨씬 높은 의식 수준으로 사회개혁, 여러 혁명의 주체세력으로 앞장섰다. 영국의 명예혁명에 이어 특히 프랑스 대혁명은 왕조체제를 무너뜨렸다. 자유, 평등, 박애의 기치를 내 건 프랑스대혁명의 주체 세력 역시 시민들이었다. 이러한 시민혁명이란 한계를 넘어 전 국민을 대상으로 한 민주정체의 선언으로 발전하니, 곧 링컨의 주창, '국민의, 국민에 의한, 국민을 위한 정치' 선언이었다. 이로 부터 현대의 민주주의 정체는 문을 열었다.

제우스가 아우른 인간, 님프 그리고 신의 세 계급의 대표, 각 직능 대표, 그리고 각 분야에 따라 책임과 권한을 부여받은 대표들로 구성된 올림포스의 민주적 정체는 현대 민주주의의 준범을 제공한다. 우리 헌법은 명목상 문구로는 훌륭한 민주주의를 담고 있다. 국민이 주인인 민주정체를 잘 표방한다. 그러나 제도나 법에 앞서 그것을 실천할 자질, 올바로 해석하고 올바로 받아들일 마음자세가 더 중요하다.

이분법으로 국민을 나누는 지도자들, 네 편 내 편으로 편 가르기 하는 국민이 있는 한 진정한 국민주권의 민주정체는 요원하다. 갈라진 국민을 하나로 동합하는 사질을 갖춘 시노사를 우린 가졌을까, 우리 모두 편견 없이 지도자들을 바라보는 균형 잡힌 국민일까?

제우스의 균형추, 대칭성

새는 좌우날개로 난다. 이 말은 분명 만고의 진리이다. 한쪽 날개를 부상당한 새를 생각해보자. 어떤 모습으로 하늘을 날지, 오히려 날지 못하고 날개를 짐으로 여기며 억지로 끌고 갈 것이 자명하다. 양쪽 날개로 날아야 한다는 것은 새에 해당하는 것이고 인간의 삶과는 다르다. 다만 메타포적 언어의 유희에 불과하다고 여기는 이들도 없지는 않을 것이다. 그렇다고 해도 조금 더 자세히 들여다보면 어느 무엇이 인간 삶을 닮지 않은 것이 있던가?

인간이 자연에서 삶을 배운다 함은 자연은 인간의 모습을 그대로 반영한 때문이다. 단순히 비유적인 것이 아니라 실제 그렇다. 인간은 다른 동물과 달리 영성을 가진 존재이기 때문에 그것을 깨닫는다. 영성을 가졌다는 의미는 인간보다 위대한 어떤 존재가 있다는 것을 의미한다. 그에 비추면 인간은 우주의 극한 축소판이라고 인정하고도 남는다.

예를 들어, 지구를 가이아의 몸이요, 유기체로 본 제임스 브룩스를 따라가 보면, 묘하게도, 신비하게도 가이아의 몸 지구는 우리 몸과 유사함을 알 수 있다. 우리는 모두 가이아의 축소판이라 할 수 있다. 가이아인 지구에 오대양 육대주가 있다면, 우리 몸엔 오장 육부가 있지 않은가. 가이아의 몸에 수많은 강들이 흐른다면, 우리 몸엔 정맥이나 동맥이 순환한다. 가이아의 몸에 수많은 실개천이 있다면, 이는 우리 몸에 수많은 실핏줄들이다. 이 모두 하나하나가 모여 지구 가이아를 이룬다. 자연은 고스란히 우리 삶을 닮았다는 말은 비유적인 언어 이상의 의미가 있다 할 것이다.

그렇다면 새는 좌우날개로 난다는 말은 단순한 말이 아니라 인간 삶의 균형을 이루어야 한다는 명제이다. 우리 몸 속엔 얼마나 많은 미생물들이 살고 있던가. 일방적으로 해로운 것들만 있는 것이 아니라 균형을 이루고 살기에 건강하다. 아무리 좋은 균, 즉 면역 균이라도 너무 많이 방출되면 사이토카인에 이르러 목숨을 위협하듯, 때로 한쪽의 과다현상은 악성균보다 더 치명적일 수도 있다. 우리 삶도, 우리 사회도 이와 다를 게 없다. 극우나 극좌는 열렬하여 천군만마 같으나 순간적으로는 좋으나 결국 독일 수 있다.

제우스의 행태를 따라가면 제우스는 균형추를 잘 잡은 신의 모습으로 그려진다. 레토를 만나 지극히 이성적인, 아주 원칙적인 신들도 아폴론과 아르테미스를 낳았다면, 극단에 세밀레를 만나 방탕의 대명사 디오니소스를 낳는다. 전자의 신들은 사회의 모범생들이라면, 후자의 신은 사회의 문제아다. 그럼에도 이들 모두 제우스가 운영하는 의회의 구성원이다. 이들의 중심추로 아테나 여신이 있다. 좌우로 치우치지 않는 아테나를 우리는 지혜의 여신이라 부른다. 바로 지도자 또는 리더의 위치는 아테나의 자리이다. 제우스의 첫딸인 이유이고, 우리를 깨우치게 해주는 균형추이다. 현명한 리더는 좌우로 치우치지 않고 중심을 지킨다. 집단의 어느 한쪽을 내 편으로 생각하지 않고, 모두 내 편으로 생각하고 아낀다. 한쪽을 내 편으로 삼으면 필연적으로 항상 분란이 일고 사회는 혼란스럽기 때문이다.

물론 나를 열렬하게 응원하는 한쪽이 다른 편보다 크다면, 그 큰 쪽만 이끌고 가면 충분히 나아간다. 그것이 훨씬 편하다. 그렇다면 그것은 한쪽의 우두머리밖엔 안 된다. 리더는 나쁘거나 좋거나, 반대하거나 찬성하거나 그 모두를 아우를 수 있어야 한다. 나를 반대하는 이들을 적으로 돌리기보다 말 안 듣는 자식으로 생각하고, 애정을 가지고 더 보살펴야 한다. 예수께서 잃은 양 한 마리를 더 찾아 헤매듯, 집 나간 탕자를 더 기다리듯, 진정한 리더는 양쪽을 아우르는 리더십을 갖춰야 한다.

리더는 중용의 정신을 항상 가져야 하는데, 양쪽을 볼 때 반대편이라 볼 것이 아니라 대칭으로 봐야 한다. 극단에 있는 것은 적이 아니라 대칭이다. 균형을 이루는 극에 불과하다.

불편하다 하여 하나를 내치는 순간 균형추는 무너진다.

디오니소스와 아폴론의 중간에 있는 아테나는 여신이면서 남자 역할을 한다. 부드러움의 대명사로 남성들의 세계를 헤집고 다니면서 남성 세계에 순응하는 아프로디테가 있다면, 남성세계에 염증을 느껴 고고하게 숲에서만 살고 있는 강한 여신 아르테미스, 그 중간에 아테나는 당당히 선다. 아테나는 비록 여신이지만 전쟁의 신으로도 활동하며 남신들과 겨뤄 한 번도 패하지 않는다. 균형추를 상징하기 때문이다. 너무 강하면 부러질 수 있지만, 너무 약하면 무너지기 쉽지만, 균형을 잡으면 꼿꼿이 설 수 있다.

훌륭한 리더는 좌우를 반대로 보지 않는다. 대칭으로 본다. 중용을 회색분자로 보지 않는다. 중용으로 본다. 물론 좌우를 보되 어디서 어디까지가 대칭인지, 어디서 어디까지가 중용인지를 분간하는 지혜를 가져야 한다. 리더는 성찰이 필요하다. 성찰은 순간의 판단이 아니라 갈고 닦은 마음에서 나오는 결과물이다. 성찰하지 않는 리더가 어리석은 이유가 그것이다. 순간의 직감에 의존하기보다 성찰하고 통찰하는 진지함, 그것이 리더의 진정한 덕목이다.

판데믹 또는 글로벌 시대, 영원한 이웃도 영원한 적도 없다. 대칭만 있을 뿐이다. 이제는 균형을 잡지 못하면 바로 설

수 없다. 한쪽의 날개로는 날아갈 수 없다. 리더는 양쪽을 아우르는 열린 마음으로, 균형추를 잡아주는 능력을 발휘해야 한다.

2

약속

제우스와 메티스

아테나는 제우스의 장녀로, 갓난아이가 아닌 완전무장한 성인으로 태어나는 탄생 설화를 간
직한 신이다. 이는 신이 아닌 상징적 의미를 갖게 한다. 아버지 제우스의 머리에서 태어나 지
혜를 상징하며, 철학자 헤겔이 가장 좋아한 여신이다. 로마 이름은 그 유명한 '미네르바'다.
"미네르바의 올빼미는 황혼 무렵에 날개 짓을 한다."는 말을 남긴 주인공이다. 최고신의 지위
로 오른 제우스는 제1 덕목으로 권력이나 부가 아닌 지혜를 선택했다. 돈으로 살 수 없는 지
혜는 어느 대목에서 약속으로 연결될까?

〈아테나의 탄생〉, 르네 앙투안 우아스, 1688

▬▬▬ 제우스의 첫 선택은 사려와 분별을 아는 지혜의 메티스이다. 리더가 놓치기 쉬운 것은 과욕으로 과정을 무시하는 것이다. 목표에만 치중하여 대부분의 리더는 권력을 우선 잡고 보려 한다. 권력은 잡았으나 이내 권위를 잃고 흔들리는 까닭이다.

제우스는 차근차근 절차를 밟아간다. 첫 선택이 사려분별에 해당하는 지혜이다. 지혜를 바탕으로 하면 어떤 문제나 난관이 닥쳐도 슬기롭게 넘어갈 수 있다. 아무리 권력 욕망이 급해도 차근차근 단계를 밟아야 영예로운 권력을 유지할 수 있다.

제우스, 메티스를 통째로 삼키다

　무엇을 안다고 한다면, '그 무엇의 심상을 갖고 있다. 그것을 다른 사람에게 이러 이러하다고 설명할 수 있다.' 그것을 지식이라 할 수 있다. '남이 알아듣도록 묘사를 하거나 설명할 수 있다.' 이것이 진정한 의미의 지식이다. 그렇지 않고 단어만 기억한다면 그건 지식이라 할 수 없다. 진정한 지식을 얻으려면, 자세히 보거나 배워서 나름대로 개념을 정의하고, 그 개념을 구체적으로 예를 들어 설명할 수 있어야 한다. 그것만이 자신의 지식이요 정보다. 활용 가능한 것만이 지식이란 뜻이다.

　제우스는 리더의 최고 덕목으로 지식을 넘어 지혜로 이해한다. 그래서 제우스는 첫 시비로 시려와 분별이 어신 메티스를 선택한다. 여성의 지혜를 상징하는 사려와 분별의 여신 메티스는 오케아니데스 중 한 신이다. 티탄 신족 중 대양의 신 오케아노스는 누이인 바다의 여신 테티스Tethys(발음은 같으나 Thetis는 그녀의 손녀로 아킬레우스의 어머니)와 결합하여 3,000명의 딸을 낳는다. 이들 딸들을 오케아니데스라 한다. 메티스는 그 가운데 하나이다.

메티스는 일찌기 제우스가 크로노스와 겨뤄 승리를 거두었을 때 크로노스에게 내리는 벌로 구토제를 먹게 하라는 지혜를 빌려주고, 구토제를 직접 조제해준다. 덕분에 제우스는 크로노스와의 레슬링에서 승리하고 그 벌로써 구토제를 먹게 하여, 크로노스 안에 있던 하데스와 포세이돈 형제와 헤스티아, 데메테르와 헤라를 구한다. 제우스가 첫 아내로 메티스를 선택한 이유다.

제우스가 메티스와 결혼하자, 이미 우라노스와 가이아는 신들의 수장으로 제우스를 꼽고, 신들 중 어느 신도 통치권을 넘겨받지 못하게 해야겠다 생각하고 제우스에게 조언한다. 일단 메티스와 결혼한 것은 잘한 일이라 칭찬한다. 다만 주의할 일은 이제 메티스는 눈이 빛나는 총명한 딸, 용기와 현명함에선 아버지에 버금갈 딸을 낳을 것이지만, 그 다음엔 신들의 아버지이자 거친 인간들의 아버지가 될 아들을 낳을 것이니, 메티스를 교묘하고 달콤한 말로 속여서 완전히 몸 안에 가두어 더 이상 활동을 못하게 하라고 충고한다. 제우스는 조부모의 충고대로 메티스를 달콤한 말로 속여서 자신의 몸 안에 가두어 좋은 일이든 나쁜 일이든 자신에게만 봉사하게 한다.

제우스가 메티스를 완전히 통째로 삼킬 때엔 이미 메티스는 딸을 임신 중이었다. 그 후 아주 오랜 세월이 흘러 어느 날 제우스는 지독한 두통을 견딜 수 없었다. 제우스는 헤라와의 둘째아들 대장간의 신 헤파이스토스에게 도끼로 머리를 빠개 열어 달라고 부탁했다. 그래서 헤파이스토스가 제우스의 이마를 도끼로 찍어 열었다. 그러자 놀랍게도 무척 아름다운 여신, 갑옷을 입고 양손에 방패와 창을 든 여신, 완전무장한 여신이 태어났다.

바로 이 여신이 전략적인 전쟁의 여신이자 지혜와 공예의 여신 아테나다. 로마 명으로는 미네르바, 영어로는 아테네로 전쟁에서 한 번도 패하지 않는 영리한 신이다.

대신에 메티스는 이미 제우스와 한 몸이 되어 더 이상 신들의 세계에 출현하지 않는다. 메티스 여신은 지식 또는 온전한 정보를 상징한다. 제우스가 메티스를 통째로 삼켰다는 의미는 온전한 지식만이 지혜의 씨앗이 될 수 있다는 뜻이다. 그리고 아테나가 오랜 후에 아이로 탄생한 것이 아니라 완전무장한 모습으로 탄생했다는 것은 지식이나 정보를 온전히 내면화했다가 완전히 나의 것으로 육화해서 표출해야 한다는 뜻이다.

곧 지혜는 서두르는 자의 몫이 아니라 여유 있게 성찰하는 자의 몫이란 뜻이다.

　이처럼 그리스신화는 얼핏 보면 비논리적이지만 다시 보면, 자세히 보면, 나름의 상징 논리로 다가온다. 아테나 여신이 제우스의 장녀임에도 갓난아이로 탄생한 게 아니라 완전무장한 성인으로 탄생한다고 함으로써 신이 아닌 상징적 의미를 전한다. 또한 제우스의 머리에서 탄생한다 하여 지혜는 머리에서 나오는 것임을 설명한다.

　그리스신들 중 독일의 철학자 헤겔이 제일 좋아한 신은 바로 지혜의 여신 아테나이다. 로마 명으로 미네르바라서 그는 "미네르바의 올빼미는 황혼 무렵 날갯짓을 시작한다."는 말을 남겼다.

　즉 지혜는 하루 일과를 마치고 잠들기 전 하루를 돌아보는 시간에 생긴다는 의미다. 진정 현명한 사람은 하루하루를 잠들기 전 어떻게든 잘 정리하고 편안히 잠에 든다. 지혜는 일을 마무리하는 시간에 조용히 찾아든다.

　좀 더 넓게 해석하면 지혜는 젊은이의 몫이 아니라 노인의 몫이란 의미다. 젊은 날의 경험들은 되새김하면서 살아온 날들을 돌아볼 때 지혜가 떠오른다. 또한 미네르바는 원래 야행성이니 자기의 때를 알고, 일에 앞서 준비운동을 하는, 미리 생각하는 순간에 지혜를 얻는다는 의미이기도 하다.

지혜는 어느 순간에 갑자기 터득되는 것이 아니라 일단 무엇을 접하든 자세히 관찰하여 온전히 받아들인다. 그렇게 내 것으로 만든 다음, 실생활에 적용한다. 그렇게 삶의 현장에서 시행착오를 하든 대뜸 성공을 하든 적용한 다음 되돌아보면서 솔직한 자평의 시간에 지혜는 생긴다. 따라서 지식은 실제 적용가능 한 앎 또는 정보로 지혜의 씨앗이라 한다면 지혜는 온전한 지식을 다른 분야에도 응용 가능한 지식의 열매이다.

지식은 하나로 하나를 낳는다면 지혜는 하나로 개인에 따라 수십 배로 응용 가능한 융통성 있는 정보라 할 수 있다. 미련한 사람은 지식을 고집하고 현명한 사람은 지혜로 열린 세계를 모험한다.

이제 최고 신의 위치에 오른 제우스는 첫걸음으로 지혜를 택한다. 리더의 제1덕목은 권력이나 부가 아니라 무엇보다 지혜임을 깨닫는 의미다. 지혜는 돈으로 살 수 없다. 생각하면서 얻는 경험의 산물이다. 좋은 이상을 가지고 실천하는 리더에게 지혜는 찾아온다.

인간관계, 신뢰의 중심은 약속에 있다

인간관계에서 가장 중요한 것은 신뢰다. 신뢰는 다름

아닌 약속을 지키느냐 그렇지 않느냐로 판단한다. 그만큼 인간 관계에서 약속은 중요하다. 약속에는 좁게는 자신과의 약속도 있고 다른 사람과의 약속, 사회와의 약속도 있다.

이 중에서 개인과 개인의 약속은 사적인 약속으로, 심할 만큼 약속을 안 지키면 관계는 깨지고 만다. 제대로 된 사회에선 사회와의 약속을 깰 경우, 범법자로 전락하거나 비난을 받는다. 또한 정치인의 경우 정치생명이 끊기는 게 정상이다. 그만큼 개인과 개인, 개인과 집단, 집단과 집단 간의 약속은 관계의 근간이다. 건강한 사회의 척도는 이러한 약속을 얼마나 중요하게 여기느냐로 잴 수 있다.

자신과의 약속을 무의식적으로 생각하는 개인은 무지하다는 반증이다. 타인과의 약속을 가볍게 여기는 사람은 신뢰 없는 인간으로 정리대상이다. 집단과의 약속을 어기면 퇴출대상이다. 이런 원리가 제대로 작동하는 사회라야 건강하다.

제우스는 티탄 신족과의 전쟁에서 승리하자, 적들은 지하 심연의 세계 타르타로스에 유폐시켰다. 티탄 신족이지만 중립을 지킨 신들은 그대로의 직무를 수행하게 했다. 티탄 신족이면서 그를 도운 신들, 특히 프로메테우스를 참모로 앉혔다. 그의 형제들 역시 이전 역할을 유지하게 했다. 아울러 여신 중 그를 적극적으로 도운 여신, 티탄 신족의 오케아노스와 테티스 사이의 3000명의 딸들 중 장녀인 맹세의 신 스틱스를 중용했다.

　　스틱스 여신, 이승의 서쪽 끝, 대양 오케아노스의 끝에서 갈라져 아르카디아의 케르모스 협곡을 거세게 지나 지하세계로 흘러들어간 스틱스 강은 타르타로스를 아홉 굽이를 돌고 돈다. 스틱스 강의 여신은 티탄 신족의 팔라스와 결혼한다. 자녀로는 승리의 여신 니케(영어로 나이키), 권력의 신 크라토스, 폭력의 신 비아, 경쟁의 신 젤로스를 둔다. 저승으로 흘러들어 증오의 강으로 변하여 경계를 넘은 스틱스는 저승에서 슬픔의 강 아케론, 탄식의 강 코키투스, 불의 강 플레게톤, 망각의 강 레테 등의 지류로 나뉘어 하데스의 나라를 아홉 물굽이로 감싸고 흐른다.

　　이승을 떠난 죽은 자는 저승으로 건너가려면 다섯 개의 강 아케론, 코키투스, 플레게톤, 레테, 스틱스를 차례로 건너야 한다. 망자의 영혼은 저승의 뱃사공 기쁨의 신 카론의 배를 타고 스틱스 강을 건너는데 이때 뱃삯으로 동전 두 닢을 지불해야 한다. 망자의 입에 동전을 노잣돈으로 물려주어 장례를 지내야 한다. 그렇지 않으면 망자는 영원히 저승에 들어가지 못하고 스틱스 강가에 머물러 있어야 한다.

　　제우스는 바로 이 스틱스 여신에게 질서를 유지하는 대단한 역할을 맡겼다. 이는 인간을 향한 규율이라기보다 신을 향한 규율로 매우 엄격했다. 신들은 뭔가 약속을 할 때 스틱스에 맹세했다. 그렇게 맹세한 약속은 제우스라도 어길 수 없었다. 유권무죄 무권유죄는 절대 없었다. 유전무죄 무전유죄 또한 없었다. 어느 신에게든 공평하고 엄격하게 적용시켰다.

신이 신이나 신들에게 또는 인간에게 맹세하든 똑같이 적용한다. 맹세할 때는 전령의 여신 이리스를 보내 강물을 병에 담아오게 한 다음, 술잔에 따라 놓는다. 그리곤 그것에 대고 맹세하게 한다. 만일 맹세를 어기면 어느 신이든 1대년에 해당하는 9년 동안 신의 자격을 박탈당한다. 게다가 신들의 음식 암브로시아와 신들의 음료 넥타르를 입에 댈 수도 없다.

이처럼 제우스는 신들의 질서유지를 위해 엄격한 규율을 만들고 스스로 먼저 솔선수범하며 법을 지키고, 누구에게나 공평하게 적용했다. 예외 없이 엄격하고 공평한 법 집행으로 제우스는 올림포스식 민주정체의 코스모스를 유지했다. 제우스의 코스모스에선 개인 간의 약속이라도 스틱스에 맹세하면 어길 수 없었다. 노블레스 오블리주를 이미 제우스는 실천했다.

이는 사적인 약속을 넘어선 공적인 약속을 의미하며, 이러한 약속은 절대로 어겨선 안 된다는 것을, 이러한 약속은 신들일수록 더 지켜야 한다는 것을 의미한다. 공적 지위가 높을수록 그 파급효과가 큼을 경계한 것이다.

솔선수범의 리더 제우스

소탐대실, 사사로운 이익을 얻으려다 정작 큰 것을 잃는 것을 말하는데, 가까운 것 또는 당장 눈에 보이는 것 때문에 원대한 목표를 잃는 사람이 있다. 일단, 얻을 수 있을 때 얻자는 '일단'이란 욕심이 나중을 못 보게 한다. '설마, 나한테는 그런 일이 없을 거야' 하는 '설마', 이런 요행이나 자신과는 상관없다는 생각이 깊은 고민 없이 약속하게 하고 맹세하게 한다. 그랬다가 자신의 언행 때문에 발목을 잡히거나 곤욕을 당하는 일들은 비일비재하다.

사적인 관계에선 개인 간의 정리로 끝난다. 그러나 공적인 관계에선 파장이 만만치 않다. 자신이 철면피가 되어야 함은 물론이고 공동체에 악영향을 미친다. 진정한 리더는 기강을 제대로 세우기 위해, 최고의 충신 마속을 울면서 베어야 했던 제갈량의 심정, 곧 읍참마속의 심정으로 자신을 먼저 희생할 수 있어야 한다.

그런 희생, 솔선수범의 정신을 가진 리더들이 있어야 공동체가 바로 선다.

제우스는 솔선수범한다. 권력으로 예외를 둘 수 있으나 그는 맹세를 한 번도 어기지 않는다. 인간 청년으로 변신한 제우스는 인간 여자 세멜레를 사랑한다. 그런데 헤라가 질투한다. 헤라는 세멜레의 유모로 변신해 제우스의 본 모습을 보여주기를 요구하도록 세멜레를 유도한다. 그녀는 헤라의 흉계를 모르고 제우스에게 본 모습을 보여 달라 한다. 제우스의 본 모습을 보면 인간은 녹아들어 죽는다. 물론 세멜레는 그걸 모른다. 그런데 이미 제우스는 사랑하는 여인 세멜레에게 무엇이든 원하는 것을 들어주겠다고 섣불리 약속을 한 터다. 제우스는 다음 만남에 본래 모습으로 그녀를 만난다. 당연히 그녀는 불에 녹아 재로 사라지고 제우스는 자신의 씨, '재'란 의미의 디오니소스를 꺼내어 자신의 몸에 심어 살린다.

제우스는 자신이 솔선수범하는 대신 누구에게도 예외를 두지 않는다. 다른 신들도 읍참마속의 심정으로 사랑하는 존재를 잃는 사례가 뒤따른다.

태양신 헬리오스는 사생아로 자라서 성인이 되어 찾아온 아들 파에톤에게 어떤 소원이든 들어 주겠다고 약속한다. 그런데 아들은 아버지의 태양 마차 운전을 소원한다. 때문에 헬리오스는 아들을 잃는다.

이러한 신들의 약속은 모두 스틱스 강에 걸고 한 맹세로 어길 수 없다. 스틱스는 지엄한 법의 상징이며, 관계에서 가장 중요한 약속의 상징이다.

약속을 지키려는 다짐, 공동체를 공고하게 유지하려는 공동체의 근간을 상징하는 스틱스는 준엄한 만큼 영원한 생명을 주기도 하고 영원한 순결도 준다. 헤라는 해마다 한 번 스틱스 강의 샘 카나토스에서 목욕하여 처녀를 재생한다. 아프로디테는 프시케에게 이 강의 샘에서 영원한 생수를 길러오게 한다. 여신 테티스는 자신의 인간 아들 아킬레우스를 영생불사로 만들려고 스틱스 강에 담근다. 그러나 발목을 담그지 않는 바람에 실패한다. 나중에 아킬레우스는 그 부분에 파리스의 화살을 맞아 죽음으로써 아킬레스건이란 단어를 남긴다.

삶이 있는 곳엔 당연히 죽음이 있으니, 스틱스는 영원한 삶과 영원한 죽음의 분기점에 있다. 즉 스틱스 강물에는 치명적인 독성 또한 있다. 그래서 이 강물을 마신 자는 누구든 죽는다. 알렉산드로스 대왕을 죽게 한 것도 스틱스 강물이었다 한다.

생명을 주는가 하면 죽음도 주는 것이 법의 양면성이다. 누군가에게 법은 혜택이지만 누군가에게 법은 가혹한 벌이다. 누군가에겐 족쇄지만 누군가에겐 자유를 준다. 이처럼 내 힘으로 할 수 없는 것을 해결해주기도 하고 구속이기도 하는 법의 가치는 어디서든 언제나 지엄해야 함과 동시에 누구를 막론하고 공평하게 적용해야 한다.

여기에 맞게 잘 규정된 법이라도 지키지 못하면 의미가 없다. 많이 가진 자, 힘이 있는 자, 갑의 위치에 있는 자 일수록 법을 어길 여지가 많다. 지도층이 앞장서서 솔선수범해야지 덧짐이 ㅣㄱ고 뒤따르는 특권의식을 가지면 곤란하다.

그릇된 리더는 공동체를 죽음으로 이끌고 참 리더는 생명으로 이끈다. 작은 착오 하나로 아킬레스건이 생긴 것처럼 리더에겐 사소한 변명도 허용되지 않는다. 그럴듯한 약속을 나열하여 백성의 마음을 사고, 마음 투자한 사람들을 볼모로 삼아 자기를 정당화하는 리더가 있는 사회는 퇴보한다. 누구에게든 공평한 공동체, 언제 어디든 어김없는 냉정한 이성이 지배하는 공동체라야 제우스와 같은 참 리더가 탄생한다.

3

정의로운 질서

제우스와 테미스

인간은 늘 절대적 정의를 꿈꾼다. 서로가 정의라고 외치는 삶의 아고라, 진정한 정의는 무엇일까?
그리스신화에서 정의의 신은 티탄족의 여신 테미스다. 법의 상징인 양손에 천칭저울과 칼을 든 여신 테미스.

〈정의의 여신 테미스〉, BC 300년, 아테네 국립고고학박물관
조각 일부가 손상됐지만, 오른손에는 칼, 왼손에는 천칭저울을 들고 있었을 것으로 보인다.

—— 제우스의 두 번째 선택은 정의의 여신 테미스이다. 사려와 분별에서 얻은 지혜는 정의를 바탕으로 하는 국가를 세워야 하는 것이다. 정의란 다름 아닌 제자리 찾기이자 순서 바로잡기이다. 혼돈, 즉 카오스는 무질서로 제자리를 잡지 못한 상황을 이른다. 코스모스는 제 자리를 잡은 상황이다. 제 자리를 잡은 다음엔 순서를 따라 행동하기이다. 곧 질서이다. 우주의 질서, 자연의 질서, 사회의 질서는 순서에 따름을 말한다. 정의는 다름 아닌 질서 세우기로, 제 자리 찾기와 순서 따르기에 다름 아니다. 제우스는 이 둘을 모토로 민주주의 정체의 근간을 세우기 시작한다.

제우스와 테미스가 세운 정의
인간은 절대적 정의를 꿈꾼다

정의, 적어도 인류가 씨족과 부족 사회, 민족을 거쳐 국가체제를 이루고 살면서, 인간은 정의의 문제를 화두로 삼았다. 언제나 사회적 문제로 떠오른다는 건 완전한 정의는 없다는 의미다. 때로는 강자의 논리로 정의를 규정하고, 상황논리로 정의를 규정하기 때문에 어제의 정의는 더 이상 정의는커녕 불의로 바뀌고, 오늘의 정의가 내일도 정의라는 보장도 없다. 자칫 지금의 정의는 강자의 정의일 수도 있기 때문에 정의란 단어 앞에선 누구나 겸손하게 성찰해야 한다.

그럼에도 인간은 늘 절대적 정의를 꿈꾼다. 서로기 정

의라고 외치는 삶의 아고라, 진정한 정의는 무엇일까? 많은 이들이 정의를 위해 싸우다 희생을 당하기도 했고, 쟁취하기도 했다고 믿는 정의, 정의를 도대체 딱 규정할 수 있을까?

그리스신화에서 정의의 신은 티탄 족의 여신 테미스이다. 제우스의 올림포스 신족과 티탄 신족 간의 전쟁 티타노마키아에서 티탄 여신들은 중립을 지킨 덕분에 벌을 받지 않고 제 본분을 유지했다. 제우스 입장에선 그 자체만으로도 고마울 수밖에 없었다. 덕분에 여신들은 제우스의 배려를 받았다. 테미스는 메티스에 이어 제우스의 두 번째 아내의 자리를 차지했다. 당연히 정의의 여신의 역을 유지했다.

간혹 법정 앞에 두 눈을 가리고 양손에 저울과 칼을 든 여신상, 그 여신상의 주인공이 바로 테미스이다. 두 눈을 가린 테미스는 두 눈을 가리고도 앞날을 훤히 내다보는 예언의 능력을 갖고 있다는 의미와 편견 없이 판단을 한다는 의미이다. 공정하게 판단을 내리기 위한 도구인 천칭 저울을 왼손에 들고, 오른 손엔 거짓이나 기만을 과감히 자르기 위한 칼을 들고 정의를 수호한다.

제우스는 이처럼 끊고 맺음이 명확하고 한 치의 빈틈도 없는 테미스를 두 번째 아내로 맞았다. 제우스와 테미스, 둘 사이에서는 자연의 질서를 담당하는 발아의 신 타로, 생장의 신 아욱스, 결실의 신 카르포를 낳았다. 이들을 가리켜 호라이라 불렀다.

　　사회적 질서를 담당하는 질서의 신 에우노미아, 정의의 신 디케, 평화를 관장하는 에이레네 또한 호라이로 불러 동일한 신의 다른 이름으로 이야기하기도 한다. 다른 쌍둥이로 보아 자연 질서와 사회 질서의 신으로 구분하는 게 타당하다.

　　또한 제우스와 테미스는 운명의 실을 뽑아내는 크로토, 운명의 실을 배당하는 라케시스, 운명의 실을 가위로 끊는 아트로포스, 곧 모이라이 3신을 낳았다. 물론 모이라이는 이미 제우스 이전에 있던 신들이란 설도 있다.

　　제우스는 리더십의 제일로 지혜를 꼽았다면 두 번째로 정의 바로 세우기를 선택한 것이다. 정의는 곧 질서이다. 즉 있어야 할 때 있는, 있어야 할 곳에 있는 시간의 순서이자 공간의 순서 그리고 시간과 공간에 속한 존재들의 질서이다.

　　우선 시간 또는 자연의 질서를 상징하는 계절의 흐름, 생물의 생장소멸은 순서를 바꾸지 않는다. 타로(발아) 다음에 아욱스(생장), 아욱스 다음에 카르포(결실) 여신이 따른다. 그렇게 어김없이 순환한다. 그에 따라 생물들 역시 그 순환을 따른다.

　　시간은 늘 공간 속으로 흐르며 공간에 영향을 미친다. 문제는 그러한 공간 속에 위치한 존재들의 생장소멸의 길이를 일률적으로 정하지 않고 운영의 묘를 살려서 시간의 길이를 재고 결정하는 역할이 중요하다. 이를 모이라이가 담당한다. 시간의 흐름을 담당하는 계절의 신들보다 운명을 결정하는 모이라이의 운영의 묘가 정의를 가름한다. 대부분의 생물들은 이러한 순환논리에 순리적으로 따르는 단순한 삶을 이어간다.

　　인간만은 인위적으로 조작을 시도한다. 인간세상에서는 파괴와 무질서가 판을 친다. 다른 존재들에겐 필요 없는 신들이 인간에겐 필요하니, 사회적 질서를 관장하는 질서의 신 에우노미아를 부른다. 에우노미아는 인간 속에 들어와 그릇된 순서를 바로잡으려 한다. 그럼에도 과다한 욕망을 가진 인간들로 정의의 신이 개입한다. 즉 정의의 신 디케는 인간에게 자유의지를 주는 대신 너무 혼란스러우면 개입하여 바로 잡는다. 그때마다 변혁이 일어난다. 그것을 인간은 정의로 믿는다. 그러고 나면 그 상태를 유지하려는 평화의 신 에이레네가 인간세상을 관장한다. 영악한 인간은 첫 마음과 달리 욕심을 내면서 변혁이 일어난 순간에 정의는 시간이 흐를수록 퇴색한다. 평화는 다시 깨지고 질서를 다시 잡아야 한다. 이처럼 정의는 공간에 따르며 시대에 따른다. 절대적 정의라기보다 인간의 욕망에 따라 변질되게 마련이다.

　　인간은 본질적으로 정의롭지 못하다. 자신이나 자신이 속한 무리가 절대 정의라 생각하는 것 자체는 오만이다. 리더일수록 항상 겸손하게 자신을 돌아보는 성찰의 자세를 견지해야 하는 이유, 자신을 낮추고 상대를 이해하려는 겸손, 오만에 빠질까 경계하는 성찰, 이 둘을 갖추어야 하는 이유이다.

　　제우스는 호라이와 모이라이의 조언을 경청하고 따른다. 귀에 거슬리는 소리라도, 내 욕망과 반하더라도 듣고 받아들인다. 제우스의 두 번째 아내 테미스는 늘 조언하는 신이다. 같은 말이라도 잔소리로 받아들이느냐 조언으로 받아들이느냐가 리더의 자질을 가른다.

운명처럼 냉정한 모이라이와 법치주의

　　아모르 파티!

　　니체는 말한다. "네 운명을 사랑하라"고. 운명은 적어도 인간의 힘으로는 바꿀 수 없다는 전제를 두고 있다. 인간의 힘이 미치지 않는 영역이요 신의 영역이다. 신은 아주 냉혹하다. 한 번 결정을 내리면 그 결정을 절대로 번복하지 않는다. 그것이 운명이다.

　　그렇다면 운명은 단호하다. 그럼에도 니체가 "네 운명을 사랑하라."한 뜻은 신을 부정하거나 신이 존재한다 한들 인간의 모든 삶에 관여하지 않는다. 그러니 인간 자신이 자유의지로 무엇을 선택하고 스스로 삶을 살려는, 자신이 선택하고 만들어가는 것이 곧 운명이란 뜻이다

운명의 여신들 모이라이가 제우스의 딸들이든 선대의 닉스 여신의 딸들이든 이 여신들은 각자 정확하게 역할을 나눈다. 클로토는 인간 한 생명 한 생명의 운명의 실을 뽑아낸다. 그러면 라케시스는 인간 각자의 운명의 실의 길이를 잰다. 최종적으로 아트로포스는 가위로 각자의 운명의 길이만큼 단호하게 끊는다. 예외가 없다. 이들의 어머니 테미스, 즉 정의의 여신 테미스는 한 손에 저울을 들고 공평을 가르치고, 다른 한 손엔 칼을 들고 냉정한 결단을 가르친다. 게다가 눈을 감고 있으니 편견 없이 공평한 판단을 한다. 이들에게 제우스는 관여하지 않는다. 이는 명확한 법 절차를 보여준다.

이처럼 그리스신화의 법 정신은 우선 철저한 역할 분담을 말한다. 실을 잦는 클로토, 그녀는 늘 실을 잦는 역할에만 충실하다. 그녀의 역할은 법을 만드는 신이다. 자를 든 라케시스는 소신껏 각자의 운명의 길이를 잰다. 즉 법을 적용한다. 클로토의 간섭도 아트로포스의 간섭도 없다. 그 역할에만 집중한다. 마지막으로 가위를 든 아트로포스는 앞선 신들이 부여하고 역할을 하는 존재들을 관찰하고 판단한다. 그리고는 단호하게 가위로 각자의 운명을 자른다. 단 한 존재 한 존재 따로 보기보다 전체 속에서의 균형을 보고 법을 재단한다. 단호하다. 한 번 판단에 에누리가 없다.

이렇게 딸들에게 법의 권한을 넘긴 정의의 여신 테미스는 저울로 균형을 잡는 법을 가르치며, 칼을 들고 끊고 맺는 법을 가르친다. 이렇게 결정된 모두는 반드시 지켜진다. 누구라도 개입할 수 없으며 바꿀 수도 없이 지엄하다. 이들은 모이라이, 즉 운명의 여신이다. 공명정대하고 요지부동의 법치, 이것이 민주주의의 근간이다. 이처럼 역할을 분담하고, 순서에 따라 법을 집행하며, 공정하게 판단하되, 결단은 과감하게 함으로서 공정, 공평, 균형으로 세상을 다스리는 정의, 이러한 완전한 분립의 정신, 고유한 능력을 발휘하도록 하여 각자의 독립을 보장하는 정신, 그것을 하나로 묶는 조화로운 조합의 정신이 민주적 절차의 정의이다.

　　그런데 자기 고유의 영역이 있음에도 소신 없이 눈치 보는 적당주의에 아부하는 존재가 이러한 독립을 무너뜨린다. 또한 리더의 자리에 오르면 마치 자신이 갑자기 만능 인간이 된 듯 착각하는 오만으로 일일이 간섭하는 리더 때문에 정의는 바로 서지 못한다. 모든 세상사가 그렇듯이 법과 제도보다는 그것을 운영하는 사람들이 어떤 마음과 어떤 자세로 임하느냐가 중요하다.

정의로운 질서
공정·공평·균형의 세상

　　소위 사회적으로 성공한 사람들에겐 남다른 나름의 장점이 있다. 마찬가지로 실패한 사람들에겐 사소하더라도 소홀히 생각한 무엇이 있거나 욕망을 내려놓지 못한 무엇이 있다. 성공과 실패의 우연은 없다는 뜻이다. 그럼에도 성공한 사람들 대부분은 '우연히 또는 운이 좋았다' 하고 실패한 사람 대부분 역시 '운이 없었다'고 한다. 그런데 다시 보면 성공한 사람 주변엔 현자가 있으나 실패한 사람 주변엔 현자가 없거나 어리석은 자만 있다. 또는 현자가 있어도 현자의 조언을 듣지 않아 실패한다.

　　신들은 이 어리석음을 넘어선다. 특히 제우스는 어리석음을 범하지 않는다. 제우스는 첫 번째 아내인 메티스를 완전히, 사려분별의 지혜의 여신 메티스를 완전히 육화했다. 그 후에야 정의의 여신 테미스를 아내로 맞았다. 테미스는 정의의 여신답게 세상의 이치를 잘 알고 현명한 판단을 하는 능력이 있었다. 덕분에 가이아가 맡고 있던 델포이 신전의 주인을 맡았다. 그만큼 거시적으로 세상을 내다보았다. 그러한 출중한 능력, 미래를 훤히 꿰는 능력으로 델포이 신전에서 예언을 하던 테미스는 제우스와 결혼 후 자매인 빛나는 여신 포이베에게 신탁의 상징 델포이 신전을 물려주었다.

처음 신탁소의 주인은 가이아가 맡았다. 후에 가이아는 딸인 정의의 여신 테미스에게, 테미스는 빛나는 여신 포이베에게 넘겨주었다. 이처럼 여신들이 신탁소의 주인을 맡았다. 그렇다고 여신이 그곳에 상주하지는 않았다. 거대한 뱀 피톤과 피티아에게 신탁 내리는 일을 대리하게 했다. 그런데 아폴론신이 피톤을 죽이고 그 자리를 차지하자 포이베는 신탁소의 주인을 아예 아폴론에게 넘겼다. 신탁소의 주인이 된 아폴론은 큰뱀 피톤의 아내 피티아를 인간으로 변신시켜 무녀로 삼는다. 이때부터 피티아는 아폴론 신을 대신하여 신탁을 내려준다. 아폴론의 이름 앞에는 '포이보스'라는 수식어가 가끔 붙는 이유는 아폴론이 밝은 빛을 뜻하는 포이베 여신으로부터 신탁소의 주인을 물려받은 때문이다.

특히 가이아에 이어 두 번째 신탁소의 주인이 된 테미스는 중요한 여러 신탁을 내린다. 제우스가 바다의 여신 테티스와 사랑에 빠지려 하자, 조용히 조언한다. "테티스 여신은 아이를 낳으면, 그 아들은 아버지를 능가할 운명이오." 아내가 자신의 마음을 들여다보고 조언한 그 말에 흠칫 놀란 제우스는 시침을 떼고 테티스를 포기한다. 대신 테티스로 하여금 보잘것없는 아들을 낳게 하려고 포세이돈과 결합을 못하게 막는 대신 인간남자 중 단순하고, 고집 세고, 힘만 강한 남자 펠레우스의 아내가 되도록 계략을 꾸민다. 그 아들이 아킬레우스로 그는 트로이 전쟁에서 하필 파리스의 화살을 아킬레스건에 맞고 죽는다.

이처럼 제우스는 테미스의 조언을 그대로 받아들여 자신의 권력을 위협할 요인을 없앤다. 또한 테미스는 기간토마키아를 예언한다. 그녀는 거인족 기간테스와 제우스가 전쟁할 때 암염소 아말테이아의 가죽으로 방패를 만들어 몸에 걸치고 싸우라고 조언한다. 덕분에 그 전쟁에서 제우스는 상처를 입지 않는다.

또한 테미스는 제우스가 인간을 멸하려고 대홍수를 내려 인간 모두 죽고 유일하게 살아남은 프로메테우스의 아들 데우칼리온과 에피메테우스의 딸 피라 단둘이 남아 외로움을 호소하자 "너희 선조 할머니의 뼈를 취하여 뒤로 던지라!"고 했던 지혜를 빌려준다. 즉 대지는 가이아니, 가이아의 뼈는 돌임을 알아차린 데우칼리온이 돌을 뒤로 던지자 인간 남자로 변한다. 피라가 따라 던지자 여자로 변한다. 그렇게 테미스는 신과 인간의 문제를 조용히 내조로 돕는다.

신화는 이처럼 신들을 이야기하는 듯하지만 실제로는 인간이 살아온 모습을 신이란 상징을 빌어 알려준다. 또한 삶의 원리와 남성중심의 사회에서의 여성의 역할을 말한다. 훌륭하고 위대한 여성은 적극적으로 현장에 참여하기보다 조언자로 참여한다. 사려가 부족하고 세심하지 못하여 자칫 실수하기 쉬운 남성의 뒤에서 일을 그르치기 전에 미리 잡아준다. 실수하면 실수를 바로 잡아주는 훌륭한 참모 역할을 한다.

조언자나 참모의 조언을 잘 받아들이는 리더도 많지 않다. 자존심을 내세우거나 상대를 무시하기 십상이다. 특히 좋은 위치에 있을수록 잘 나갈수록 남의 말을 잘 듣지 않는다. 쓴소리보다 달달한 칭송을 듣기 좋아한다. 그런 이들 주변엔 능력 있는 자들보다 아부하는 자들이 인의 장막을 친다. 그러면 그는 점차 무능한 리더로 전락한다.

4

품격

제우스와 에우리노메

제우스의 품격은 가히 최고의 신랑감이다. 어떤 만남이건, 헤어짐이건 불협화음을 남기지 않았다. 한번 맺은 인연은 시종일관 좋은 관계를 유지하며 가십gossip을 남기지 않았다. 소문, 험담, 뒷말, 가십에 대해 진화 심리학은 그 기원을 '불륜 방지'를 위한 사회적 시스템으로 해석했다. 오늘날 가십은 호모사피엔스의 평 판 알고리즘인 셈이다.

〈봄〉, 산드로 봇티첼리, 1478년 경

──── 제우스의 세 번째 선택은 우아함의 여신 에우리노메이다. 리더는 무엇보다 품격을 갖춰야 한다. 곧 이미지 관리이다. 이미지란 다른 존재가 바라본 나의 모습이다. 리더는 자신을 어떻게 구성원에게 보여줄까를 신경 써야 한다. 단순히 구성원에 속한 존재라면 굳이 이미지 관리를 하지 않아도 크게 문제되지 않는다. 그러나 리더의 이미지는 권위와 연결된다. 이미지가 좋지 않으면 말과 행동에 영이 서지 않는다.

제우스는 품격 있는 이미지를 유지한다. 그것이 우아한 리더십이다. 설령 겉과 속이 다를지라도 품격을 유지하는 것은 필요하다. 하지만 가장된 이미지는 언젠가는 들통 나고 위선으로 낙인찍힐 수 있다. 그러므로 항상 자신을 성찰하면서 자신의 이미지를 관리하여 품격을 유지할 줄 알아야 한다.

제우스의 우아한 리더십
에우리노메를 아내로 맞는 이유

"나는 네가 좋아서 순한 양이 되었지. 풀밭 같은……"

누구나 공감할 듯한 노래 한 구절이다. 누구에겐 좋은 사람, 누구에겐 나쁜 사람, 같은 사람이라도 상대적인 느낌을 준다. 아니 사람에 따라 달리 느낀다. 이처럼 사람은 아주 복잡 다양한 속내를 갖고 산다. 그럼에도 사람은 누구에게나 좋은 인상을 주며 살려는 욕망을 갖는다. 그런 욕망이 큰 사람이 리더를 꿈꾼다. 반면 그러한 욕망보다 자기 스스로만 좋으면 크게 개의치 않는 사람은 굳이 리더를 꿈꾸지 않는다. 사회의 리더는 보통사람보다 훨씬 욕망이 큰 이유이다.

그 성급한 욕망이 때로 그를 독재자로 만들거나 탐욕자로 만든다. 탐욕으로 얻은 민중을 향한 힘은 권력이요, 그리 탐하지 않았으나 주변에 따르는 사람이 많아서 얻은 힘은 권위이다. 권력은 어느 순간 강제로 얻을 수 있지만 권위는 오랜 시간을 꾸준한 행동으로만 얻을 수 있다. 세상엔 지배하려는 권력자들이 대부분이고, 권위자들은 극히 드문 이유이다.

누군가 꿈꾸는 리더, 리더의 힘은 때로 추하기도 하고 아름답기도 하다. 물론 추하든 우아하든 힘을 추구하는 자는 힘 자체로 만족한다. 반면 훌륭한 리더는 아름다운 힘, 권위를 꿈꾼다. 훌륭하여 주변에서 만들어준 권위를 인정받은 리더가 가진 힘을 우아한 힘이라 부른다.

제우스가 세 번째로 선택한 리더십은 우아한 리더십이다. 강요하지 않아도 좋아서 따르게 하는 권위를 그는 추구한다. 그런 권위는 자율을 요구하기 때문에 아름답다. '스스로 좋아서 순한 양이 되게 하는' '순종'을 불러일으키는 우아한 힘이다.

제우스는 세 번째 아내로 우아한 여신 에우리노메를 선택했다.

영어 grace의 어원인 charis, 즉 우아한 모습의 여신 에우리노메는 오케아노스와 테티스 여신 사이에서 태어난 님프이다. 맹세와 증오의 여신 스틱스와는 자매간이다.

제우스는 에우리노메를 만나 과도한 열정도 아닌, 그

렇다고 미지근하지도 않은 감정과 이성의 균형으로 조화를 이룬 우아한 사랑을 나누었다. 그 사랑의 결실로 우아하고 아름다운 딸들, 빛나는 아름다움의 아글라이아aglaia, 우아한 기쁨의 에우프로시네euphrosynē, 화사한 꽃다발의 탈레이아thaleia, 세 자매를 낳았다.

이 세 자매를 우아한 아름다움의 여신이라 하여 카리테스charites라 부른다. 단수형은 카리스charis, 라틴어는 그라티아에gratiae, 영어는 그레이스grace이다.

이들 세 자매는 사랑과 미의 여신 아프로디테와 주로 활동하며 아프로디테의 화장을 도와 사랑을 퍼뜨리는 데 일조한다. 때로는 올림포스 신들의 향연의 자리에서 춤을 추거나 노래하면서 우아한 만남의 장을 여는 데 일조한다. 또한 그녀들은 시가나 예술 분야를 우아하고 아름답도록 영감을 주는 품위를 갖도록 돕는다.

행동은 발에서, 행위는 손에서, 차림은 옷에서 나오지만, 행동이나 행위나 행색을 만드는 곳은 마음이다. 마찬가지로 훌륭한 리더의 자질은 겉으로 드러나기 이전의 마음가짐이 중요하다. 그럼에도 명철하지 못한 리더는 이미지만 부각시키려 애쓴다. 그런 이미지 전략은 물거품과 같아서 유효기간이 짧다. 거품이 사라진 다음엔 조가비 같은 공허한 아름다움만 남는다. 현명한 아프로디테는 카리테스 자매를 곁에 두어 사신의 거품

4 품격 제우스와 에우리노메

같은 아름다움을 보완한다.

제우스가 에우리노메를 아내로 맞는다는 의미는 우아한 리더십, 그레이스 리더십을 육화한다는 뜻이다. 제우스와 같은 리더는 억지로 따르게 하는 권력이 아닌, 스스로 존경하여 따르게 하는 권위를 지향한다. 그 결과가 카리테스이니, 세상을 밝히는 빛남의 힘, 민중을 만족시키는 기쁨의 힘, 희망을 피어나게 하는 꽃처럼 아름다운 힘이다. 하루아침에 이루는 우아한 리더십이 아니라 오랜 성찰과 자기 성숙 훈련의 결과이다.

이 힘들 하나하나가 은총인 카리스 또는 그레이스라면 이들의 총합이 카리테스 또는 그레이시스인 우아함이다. 진정한 리더에게선 스스로 이미지를 조작하지 않고도 저절로 우아한 이미지가 배어나온다. 진정으로 아름다운 씨를 마음 밭에 뿌리고 은근히 자라나도록 성실히 자아성찰하고 저절로 인품으로 배어나오게 하는 리더가 권위를 가진 리더이다.

제우스의 품격 있는 리더십
한번 맺은 인연을 어떻게 이어갈 것인가?

어떤 목적을 가지고 접근하는 의도적인 만남, 물론 그 의도는 선의일 수도 있고 악의일 수도 있다. 선의이든 악의이든 그 만남으로 맺은 관계는 타인에게 해롭지 않아야 바람직하다. 때로 우연한 만남으로 관계를 맺기도 한다. 전자에 비해 훨씬 자연스럽긴 하다. 의도가 없고 특별한 욕심 없이 만나기 때문에 부담도 적다. 그렇다고 결과까지 좋으리란 보장은 없다. 어떤 만남이든 만남의 과정보다는 결별의 마무리가 더 중요하다.

적어도 만남의 관계는 나중과는 상관없이 서로 호감이 있거나 공감대가 있거나 서로 통한다. 때문에 그다지 어려움 없이 관계를 맺는다. 그러나 그렇게 애써 맺은 관계를 끊으려면 그에 따르는 타당한 이유가 있어야 한다. 실상 결별의 과정에선 호감보다는 비호감인 경우가 대부분이다. 서로 상처를 나누거나 꺼림칙한 문제를 안는 경우가 대부분일 수밖에 없다. 누구든 만남의 순간은 좋은 감정이지만 헤어짐의 순간은 자칫 안 좋은 감정이기 쉽다. 만남의 미학보다 헤어짐의 미학이 더 중요하다.

제우스는 어떤 만남에서든 어떤 헤어짐에서든 불협화음을 남기지 않았다. 헤어지고도 좋은 관계를 유지했다. 제우스는 에우리노메를 사랑하여 카리테스 세 자매, 즉 아글라이아, 에우프로시네, 탈레이아와 강의 신 아소포스를 낳았다. 그러곤 제우스는 에우리노메를 떠났다. 그럼에도 불구하고 제우스는 그녀의 여전한 사랑을 받았다. 테미스와의 관계를 정리한 후에두 테미스의 주언을 받아 자신의 위치를 공고히 하듯, 에우리노메와 헤어진 후에도 자신의 품위를 잘 유지하는 것은 물론 때로 충분한 도움을 받았다.

관계의 미학은 결별의 기술에 있다. 어떤 관계를 맺든 좋은 만남이 이어지는 동안엔 적어도 불미스러운 일은 일어나지 않는다. 그러나 그 만남이 끝나고 난 후, 자칫하면 불미스러운 일들이 벌어져 자신을 망치는 것은 물론 주변에 피해를 끼치는 일이 일어난다. 이런 상황, 어처구니없는 상황을 헬라어로 스칸달론, 영어로 스캔들이라 한다. 결별의 기술, 진정한 교감으로 깔끔한 정리가 필요하다. 헤어지고도 아름다운 뒷모습, 정겨운 뒷 무늬, 고운 추억을 남기는 관계로 매듭지어야 한다.

내가 힘이 있거나 없거나, 내가 그 자리에 있거나 없거나 상관없이 한번 맺은 좋은 관계를 시종일관 좋게 이어야 품위 있는 리더라 한다. 그 자리와의 결별 후에 리더의 진가를 알 수 있다. 어떤 관계를 맺었든 정리를 잘못하여 섭섭함과 원한을 남게 하든가 꺼림칙한 결별을 한 후, 나중에 그들 때문에 망신을 당하는 사람들을 볼 수 있듯이, 리더들은 특히 관계 이후의 사람 관리를 어떻게 해야 할지를 늘 성찰해야 한다.

5

생존

제우스와 데메테르

최고의 신화 석학인 조셉 캠벨 교수는 11살 때 인디언 토템의 기둥과 가면에 매료돼 신화 연구에 평생을 바친다. 그는 왜 신화 연구에 일생을 보냈을까? 바이러스가 인류의 멱살을 잡아 끌어도, 신화에서 삶의 의미, 일상의 생존 방법을 찾아내는 게 인류인 까닭이다. 제우스는 누이인 대지의 여신 데메테르와 사이에 코레를 낳고, 코레는 지상에서 두 계절을 머물다 가임기의 처녀 페르세포네로 거듭난다. 농경의 시대, 생존은 이념보다 앞서는 까닭을 밝혀낸다.

〈페르세포네의 납치〉, 피터 폴 루벤스, 1636–37 경

────── 제우스의 네 번째 선택은 농경시대의 생존을 책임진 여신 데메테르이다. 아무리 사려와 분별로 감성적인 리더십을 발휘해도, 좋은 이미지의 품격을 갖추었어도, 이론적으로 그럴 듯한 정의를 세웠어도, 구성원의 배고픔 더 나아가 생존의 문제를 해결하지 못하면 리더로서는 자격이 없다.

전제 조건의 바탕을 세우고 그 다음에 더욱 신경 써야 할 것은 생존의 문제이다. 누구든 무엇이든 생존 앞에서는 모든 것은 무익한 것으로 변한다. 리더는 구성원들의 생존의 문제를 우선 해결하는 능력을 갖춰야 한다.

제우스의 네 번째 아내 데메테르

모든 동물 중에서 인간처럼 요상한 동물도 없다. 인간만이 자신의 생명 결정권을 갖는다. 여타의 동물에게 가장 중요한 욕구는 생존의 욕구이다. 생존을 위해 동물은 목숨을 건다. 그런데 인간은 꼭 그렇지만은 않다. 때로는 자신의 부모의 죽음보다 다른 존재의 죽음을 슬퍼하는 존재도 있을 만큼 자신의 이념과 사상을 지키기 위해 목숨을 버릴 수도 있는 특이한 동물이다. 인간은 자신의 기득권을 지키기 위해 타자에게 소위 학습을 강요한다. 부정적 용어로는 세뇌시키려 한다. 이념은 때로 생존보다 숭고한 것으로 받아들인다. 그럼에도 인간 역시 동물의 본성으로 언젠간 되돌아온다. 세뇌보다 본성이 강하기 때문이다. 세뇌의 유효기간이 끝나면 견디기를 지나 본성을 찾는다. 인간도 별 수 없이 생존 본능에 굴복하고 만다.

제우스는 능수능란하게 여자들의 마음을 얻는다. 제우
스는 상대 여자의 마음에 드는 법, 상대가 좋아하는 것이 무엇
인지를 안 다음, 그 모습으로 변신한다. 제우스는 대부분 적어
도 여신에게 접근할 때는 사랑보다 상대의 필요에 자신을 따른
다. 지극히 정략적이며 계산적이다. 그럼에도 변신의 능력으로
사랑을 끌어낸다.

제우스는 처음엔 지혜를, 다음엔 정의를, 이어서 품위
를 선택했다. 그리고 그의 네 번째 선택은 생존이었다. 제우스
는 네 번째 아내로 농경의 신 데메테르를 선택했다. 데메테르
는 제우스의 누이로 올림포스 12신 중 하나에 속했다. 그녀는
제우스가 권력을 잡은 후 대지의 여신으로 대지에서 자라는 곡
물, 특히 밀의 성장과 땅의 생산력을 관장하는 역할을 맡았다.
제우스는 정략적으로 데메테르에게 접근하여 아내로 삼았다.
그렇게 제우스는 목가적인 친근하고 진실한 모습을 데메테르
에게 보여주어 그녀의 호감을 얻었다. 그녀의 사랑을 얻고 결
혼하여 딸, 소녀라는 뜻의 코레를 얻었다. 나중에 코레는 하데
스의 아내가 된 후 페르세포네란 이름을 얻었다.

밀 이삭으로 만든 관을 쓴 여신 데메테르는 농경의 신
답게 손에 농경을 주관하는 상징의 횃불을 들거나 곡물을 들고

인간의 농경의 숭배를 받는다. 로마 신화의 농업의 여신 케레스와 동일한 신이다. 영어로 세레스로 읽고, 시리얼과 연결된다.

타 신화도 마찬가지지만 대지는 대부분 모신母神으로 표현한다. 그리스신화 역시 태초의 모신은 가이아로 모든 신들의 어머니이자 대지의 여신이다. 가이아는 지구 전체를 이른다. 이후 가이아는 자신의 몸을 후손에게 내어준다.

이제 대지의 여신은 크로노스의 아내 레아에게 넘어간다. 그녀는 대지 자체는 아니고 크로노스의 씨앗을 받아들여서 생명을 내는 토지의 여신으로 축소된다. 대지는 여신이 맡는다. 생명을 내는 주체가 여성인 까닭이다. 레아에 이어 데메테르는 레아의 딸답게 레아의 토지 책임을 맡고 씨앗과 같은 곡물에 관여하며 발아와 생장, 결실을 관장하는 여신으로, 대지의 여신이란 이름을 갖는다.

'쌀독에서 인심 난다'는 금언의 의미를 제우스는 안다. 제우스 시대의 초기엔 농업이 생존을 위한 주요수단이었음을 알 수 있다. 예나 지금이나 먹고 사는 문제는 가장 중요한 화두일 수밖에 없다. 때로 종족보존의 욕구인 육체적 쾌락에 식욕이 중심을 빼앗길 수 있지만, 결국 생존욕구가 승리한다. 때로는 지적인 또는 이념이나 사상 또는 아주 잡다한 욕구들에 생존욕구가 맥을 못 추고 마치 저급한 취급을 받을 수 있지만, 그러한 욕구들은 이어욕구인뿐 가장 본진저인 욕구인 생존욕구

5 생존 제우스와 데메테르

에 중요한 자리를 넘길 수밖에 없다.

인간도 우선 동물일 수밖에 없기 때문이다. 제우스는 질서나 정의, 지혜나 품위로도 생존의 욕구는 이길 수 없음을 깨우치고 있었다.

코레와 페르세포네

신화는 원래 선사시대의 산물이다. 기록 이전에 인간은 스스로 발견한 대상이나 삶의 이치 또는 현상들을 나름대로 설명하거나 전달하려 했을 것이다. 그렇게 만든 이야기를 기억하려는 나름의 방법이 신화이다. 기록을 시작한 역사시대에 신화는 없다. 대신에 그 자리를 전설이 차지한다. 물론 우리에게 온 신화는 역사시대에 완성되었다 하더라도, 그 이야기가 대상으로 삼은 시대는 역사시대 이전이다.

제우스란 신이 있었던 것도, 제우스를 닮은 어떤 사람이 있었던 것도 아니다. 다만 세상에 관한 지적 정보가 거의 없던 시대를 산 원시인들이 당대의 관습이나 어떤 현상들 또는 상상한 것들의 목록을 이러한 신화로 바꾸어 기억하고 전달한 것이다. 그럼에도 놀라운 점은 그 신화 속에 인류의 과거는 당연하고 인류의 현주소는 물론 미래까지 앞당겨 보여준다는 점이다. 인간은 여타의 동물과 달리 영혼 또는 영성을 가진 존재라 설명할 수밖에 없다. 이를 칼 융은 원형으로, 프로이트는 무의식의 모습으로 설명한다.

그 한 예가 제우스와 데메테르의 만남이다. 우라노스와 가이아의 결합이 하늘과 땅의 결합을 이야기하듯, 제우스와 데메테르의 만남은 그 축소판이다. 이러한 상징은 고대인들이 남자는 하늘, 여자는 땅이란 의식으로 이어져 내려온다.

하늘이 땅을 만난다. 밤은 하늘과 땅이 만나는 시간이다. 밤이 지나 아침이 오면 안 보이던 만물이 드러난다. 잔뜩 흐리고 비 내리는 날 역시 하늘이 대지에 가까이 내려온 날이다. 그러고 나면 대지에서 새싹들이 올라온다.

제우스와 데메테르는 딸을 낳으니 '코레'라는 딸이다. 코레는 처녀, 소녀, 씨앗을 뜻한다. 영어 'core'의 어원이기도 하다. 하늘과 대지의 만남으로 탄생한 씨앗은 그냥 싹으로 나오지 않는다. 땅 속에 들어가 한동안 지나야 새싹으로 나온다. 씨앗이란 이름에서 식물은 다시 다른 제 이름을 얻는다.

이처럼 씨앗은 땅에 묻힌다. 새로운 생명으로 재탄생한다. 다시 씨앗으로 땅에 묻히기를 반복한다. 이 죽음과 재생의 과정을 통해 세상을 풍요롭게 한다. 이 순환의 과정을 데메테르 여신 즉 식물의 완성체인 곡물의 여신, 데메테르의 딸인 코레 납치 사건으로 신화는 푼다.

하늘의 신 제우스는 누이인 대기의 여신 데메테르와

정을 통해 코레를 낳는다. 코레는 아름다운 처녀로 자라난다. 어느 날 아름다운 소녀 코레는 시칠리아의 숲에서 오케아노스의 딸들과 어울려 놀다가 저만치 골짜기에 어여쁜 수선화들이 핀 것을 본다. 아름다운 꽃들, 중에 검은 수선화를 발견한 코레는 호기심이 생겨 다가간다. 그런데 갑자기 땅속에서 검은 말들이 끄는 마차가 달려든다. 하데스의 마차다. 하데스는 다짜고짜 코레를 싣고 지하로 사라진다. 그 후 코레는 한동안 지하세계에서 지낸다. 나중에 제우스의 중재로 지상에서 두 계절 동안 머물러 나온다. 그때의 이름은 페르세포네이다. 그러니까 코레가 페르세포네로 변한 것이다.

이는 씨앗이 땅에 심겨 싹이 나고 온전한 식물로 변한 이치를 설명한다. 이것이 인간의 삶으로 설명하면 어린 소녀 코레가 가임기의 처녀 페르세포네로 변하는 과정이다. 사회적으로는 여자가 어쩌면 결혼이란 과정을 거치면 완전히 다른 정체성을 가진 존재로 거듭남을 상징한다.

이처럼 여자의 운명은 남성중심사회에선 희생의 상징이었고, 정체성 상실과 새로운 정체성으로의 변화의 상징이었음을 신화는 코레, 페르세포네 신화로 설명한다.

단순한 듯하지만 지하로의 납치 신화는 한 알의 씨앗의 죽음으로 인한 희생, "한 알의 씨앗이 죽지 않으면 한 알 그대로 있고, 죽으면 많은 열매를 맺는다."는 성경말씀의 의미와 닿는다. 이는 비유로 우리 인간 삶의 모습으로 여성의 희생의 상징이다. 마치 무덤 속에 들어갔다 새로운 삶으로 나오는 것과 같은, 지옥과도 같은 삶의 과정을 겪어야 하는 여성의 삶은 식물의 순환과정과 다름없었음을 보여준다.

농경사회의 여성의 운명, 결혼제도에서 여성은 선택하는 자가 아니라 선택당하는, 끔찍한 희생을 강요당했음을 보여준다. 제우스의 민주적인 리더십의 한계 역시 가부장제를 벗어나지 못한다는 점, 남성 중심의 리더십이었음을 보여준다.

제우스의 한계,
가부장제를 벗어나지 못했다

헤겔의 정-반-합의 논리처럼 역사는 순환한다. 역사뿐 아니라 모든 세상사가 그렇다. 이성처럼 보이지 않는 것을 진리라 하면, 다음엔 확인 가능한 실체적인 것, 경험 가능한 것을 진리라 주장한다. 이렇게 합리론과 경험론이 교대한다. 다음엔 다시 합리론, 그다음엔 경험론, 이런 식으로 구체에서 추상으로, 추상에서 구체로, 구체에서 정신으로, 정신에서 물질로 주장이 변한다.

크로노스가 실체를 중심으로 한 농경의 신이라면, 제우스는 하늘이란 추상적인 것만 소유한다. 그는 정신이니 이성,

즉 추상이자 실질을 보여주는 정보를 지배한 신이다. 그가 선택한 시작이 지혜요, 이어서 질서요 정의다. 이는 정신적 산물의 우위를 상징한다. 제우스가 숱한 지하자원을 가진 하데스나 넉넉한 바닷물과 수산자원을 소유한 포세이돈보다 지배적인 위치를 점한 힘은 정보력이다. 제우스는 정보로 권력을 유지할 참이다.

그런데 하데스는 지하 왕국으로 들어간 후로는 올림포스에 올라오지 않는다. 거의 외출도 않는다. 설령 그가 지상에 올라온 들 눈에 띄지도 않는다. 제우스는 지상이나 바다는 내려다볼 수는 있지만 부를 축적한 하데스의 지하 왕국은 볼 수 없다. 하데스의 은밀한 세계는 제우스에겐 위협적인 요소다. 그래서 제우스가 궁리한 것이 자신과 데메테르의 딸 코레를 하데스의 세계로 들여보내 하데스의 세계의 정보를 캐내는 것이다.

제우스는 하데스가 지상에 관심을 갖도록 유도했다. 그러자 하데스는 모처럼 외출했다. 이미 제우스와 하데스는 코레를 지하세계의 왕비로 맞춘 터였다. 이를 성사시키기 위해 제우스는 하데스가 출현하기로 한 들판에 아름다운 꽃들을 피웠다. 꽃을 무척 좋아하는 코레는 잠깐 외출하려다 아름다운 꽃들을 보았다. 하얗고 노란, 빨간 꽃들을 보다가 문득 검은 수선화를 발견하고 가까이 다가갔다. 그러면서 그녀는 자신도 모르게 벗들로부터 멀어졌다.

그 수선화는 제우스가 은밀히 코레를 하데스에게 넘겨주기 위해서 유혹한 꽃이었다. 그녀는 몰랐다. 그녀가 그 수선화를 꺾으려는 순간 갑자기 땅이 갈라졌다. 그러더니 땅 아래서 검은 말이 끄는 전차가 나타났다. 그녀가 깜짝 놀라는 사이 그 마차의 주인 하데스는 마차를 운전하여 코레의 옆을 스치나 싶더니, 순식간에 그녀를 낚아채어 전차에 태우고 땅 속으로 들어가려 했다. 급박한 코레는 비명을 질렀다. 이때 그녀의 비명을 들은 시칠리아 섬 시라쿠사 숲의 님프 키아네는 검은 마차를 막아섰다. 그러나 그녀의 힘은 보잘 것 없었다. 하데스의 마차는 순식간에 그녀를 지나쳐 땅속으로 사라졌다. 키아네는 그녀를 구하지 못한 것을 슬퍼한 나머지 녹아서 짙은 파랑색 물이 되고 말았다.

한편 딸이 사라지자 데메테르는 횃불을 들고 9일 밤낮을 물 한 모금도 마시지 않고 딸을 찾아 헤맸다. 그러다 키아네가 물로 변해 흡수된 샘에 이르렀다. 키아네는 데메테르를 보자 진실을 말하고 싶었으나 이미 물로 변한 터라 방법이 없었다. 궁리 끝에 키아네는 코레가 잡혀가면서 떨어뜨린 그녀의 허리띠를 물 위로 떠올렸다. 그제야 데메테르는 딸이 유괴당한 것을 알아차렸다.

제우스는 자신의 딸 코레를 지하로 파견하는데 성공했다. 하데스의 정보를 얻으려면 지굇의 중심부 즉 core에 들어갈 적임자가 필요했다. 제우스는 데메테르에게 알리지 않고 딸을 희생양으로 삼아 지하로 들여보냈으니, 이는 남성중심 사회에서 희생당하는 존재는 늘 여성이었음을 보여준다.

아르테미스의 저주를 달래기 위해 아내 클리타임네스트라를 속이고, 자신의 딸 이피게네이아를 희생 제물로 삼은 아가멤논 역시 제우스의 행위와 닮았다. 자신의 딸 희생과 같은 맥락이었다.

코레는 제우스의 계략대로 하데스의 세계로 깊숙이 들어간다. 그리고 나중엔 땅 속 비밀을 파악하고 지상으로 올라온다. 그제야 그녀는 코레라는 껍질을 벗고 페르세포네로 변한다.

이 신화에서 우리는 정보의 핵심, 정보변환의 상징을 읽는다. 아울러 고대의 희생제물의 관습을 엿본다. 어느 시대를 막론하고 어느 계층인가는 희생당하게 되어 있음을 우리는 역사를 통해 배운다. 완전한 정치는 없다. 완전을 지향할 뿐이다.

데메테르와 농경의 의미
생존은 이념에 앞선다

농자천하지대본農者天下之大本!

이 말은 먹고 사는 문제가 제일 중요하다는 말에 다름 아니다. 농경사회에선 농사는 생존의 원천이었다. 어디에 가나 농사와 관련된 신이 있었고, 농사와 관련된 제례의식과 축제가 있었던 만큼 농사는 삶의 근간이었다.

구약 성경은 카인과 아벨의 번제를 소개한다. 아벨은 가축으로 번제를, 카인은 곡식으로 번제를 드린다. 신은 아벨의 제사만 흠향하신다. 하지만 카인은 아벨을 죽였으니 차후로는 곡식 번제만 있을 것임을, 목축사회에서 농경사회로의 이동을 예감한다.

헤브라이즘은 유일신 사상이라 어떤 제의든 야훼께 드리지만, 헬레니즘으로 보면 목축의 신과 농경의 신은 따로따로이다. 그만큼 데메테르 여신의 존재, 달리 말하면 당대의 먹고 사는 문제는 무엇보다 소중함을 보여준다.

하나밖에 없는 딸을 잃은 데메테르, 그녀가 딸의 행방을 찾다가 발견한 단서는 물로 변한 숲의 님프가 물 위로 떠올려준 딸의 허리띠뿐이었다. 그 외의 흔적은 아무것도 없었다. 데메테르는 그 다음에도 여전히 딸을 찾아다녔다. 끝까지 찾아내고 말리라 다짐하며 딸을 찾아 이곳 저 곳을 떠돌았다. 식음을 전폐한지라 때로는 지쳤고, 때로는 목이 마르나 딸을 찾겠다는 일념으로 온 땅을 헤맸다.

그런 어느 날 그녀는 엘레우시스 땅을 지나다 너무 지쳐서 노파의 모습으로 변신하고, 우물가의 올리브 나무 아래에서 쉬고 있었다. 마침 엘레우시스의 왕 켈레오스의 딸들이 물

을 길러 나왔다가 넋을 놓고 잠이 든 듯도 하고 기진맥진한 듯
도 한 그녀를 발견했다. 심성이 착한 딸들은 그녀를 불쌍히 여
겨 그녀에게 자신들의 집으로 갈 것을 청했다. 집으로 그녀를
데려간 딸들은 왕에게 그 사정을 알렸다. 후덕한 왕은 극진히
대접하라 이르면서 노파에게 어찌된 연고인지 물었다. 노파로
변신한 데메테르는 크레타에서 해적을 만나 가진 것을 모두 빼
앗기고 간신히 목숨만 건지고 기회를 엿보다 도망쳤다고 말한
다. 왕은 그 말을 그대로 믿고는 딱히 갈 곳이 없다면 궁에 얼마
든 머물러도 좋다고 하자, 데메테르는 짐짓 신세를 지는 것을
부담스럽다는 표시를 했다. 왕은 그러면 마침 자신의 갓 태어
난 아들 데모폰을 돌보며 함께 지내자고 제안했다. 그녀는 그
제야 못 이기는 척 켈레오스 왕의 제안을 받아들였다.

　　데모폰의 유모로 그곳에 머물면서 그녀는 왕과 그 가
족의 후덕함에 뭔가 보답하고 싶었다. 그녀는 데모폰을 불사의
몸으로 만들어주기로 작정했다. 그녀는 데모폰의 전신에 암브
로시아를 발라주고, 밤이면 아이를 아궁이의 불 속에 넣어 아
이의 몸 안에 있는 사멸의 요소를 태워 없애는 의식을 행하곤
했다. 데모폰의 몸은 거의 불사의 몸으로 변하고 있었다. 이제
며칠 후면 모든 의식은 끝날 참이었다.

　　그런데 어느 날 밤 데모폰의 친모인 왕비 메타네이라
가 잠에서 깨었다. 그녀는 이상한 광경을 봤다. 깜짝 놀랐다. 왕
비는 노파가 미쳐서 자기 아들을 죽이려는 줄 알았다. 너무 놀

라 말은 안 나오고 비명만 터져 나왔다. 노파로 변신한 여신은 갑작스러운 일을 만나자 멈칫하는 사이 왕비는 얼른 아들을 불 속에서 꺼내려 했다. 그 바람에 노파는 그만 아이를 잡은 손을 놓치고 말았다. 노파는 탄식했다.

"어미의 두려움이 신의 선물을 막았으니 아이는 죽음을 벗어나지 못하는구나."

그 바람에 아이는 불에 타서 죽고 말았다. 그와 동시에 데메테르 여신은 본모습을 드러냈다. 켈레오스 부부는 깜짝 놀라 여신 앞에 무릎을 꿇었다. 어떤 벌이 내릴지 두려워 벌벌 떨었다. 노여움을 푼 여신은 대신 왕에게 자신을 섬기는 비의를 가르쳐주고는, 엘레우시스에 자신의 신전을 지으라고 지시했다. 그 후 켈레오스는 데메테르 여신을 모신 신전을 지었다. 그리고 그 자신이 엘레우시스 비교秘教의 의식을 집전했으니, 그가 첫 번째 사제였다.

이성을 찾은 여신은 은인의 아들을 죽게 한 걸 후회하나 그녀도 다른 사람의 운명을 좌우할 수는 없었다. 켈레오스 왕에게 미안한 여신은 조금이나마 왕을 위로하려고 그의 다른 아들 트리프톨레모스를 축복해주었다. 여신은 우선 트리프톨레모스에게 하늘을 나는 용이 끄는 전차를 만들어주었다. 여신은 그에게 하늘을 날아 온 세상을 돌아다니며 곡물을 뿌리는 방법과 농경술을 찬찬히 알려주었다. 여신은 아울러 그에게 세상을 두루 다니며 고루고루 씨앗을 뿌리고, 사람들에겐 농경의 기술을 잘 가르치라 일렀다.

　　그 후 트리프톨레모스는 여신에게서　받은 용이 끄는 마차를 타고 세상을 두루 다니며 여왕이 준 곡물의 씨앗을 곳곳에 두루두루 뿌렸다. 또한 여신에게서 배운 경작술을 인간들에게 전파했다.

　　생존은 이념에 앞선다. 데모폰은 농경의 신에게 드린 첫 제물이라 할 수 있다. 그만큼 농경사회에선 생존의 제일요소는 농경일 수밖에 없다. 농경의 전 과정을 신처럼 극진히 모셔야 신은 유아를 먹여 살리고 돌보듯이 인간의 농경을 돕는다. 따라서 인간은 농경의 신을 불편하게 하거나 마음 상하게 하지 않도록 주의를 기울여야 한다.

　　농경에 관한 제의 의식은 세계 보편적이다. 이때는 제물을 사람 대신에 다른 짐승을 잡아 올린다. 달리 말하면 먹고 사는 문제 해결을 위해선 존재는 어떤 그 무엇도 감수한다. 때로 정신의 양식이나 영의 양식이 육체의 양식보다 더 중요한 것으로 인식하기도 하지만 그 유효기간은 그리 길지 않다. 연애 또는 열정 기간이 2년을 넘기지 못하듯 이 기간도 거의 비슷하다. 먹고 사는 문제가 가장 중요하다. 그럼에도 열정을 중요하게 여기는 특별한 존재는 2%를 넘지 못한다. 영혼이나 정신의 열정이 식으면 곧 육체로 돌아온다. 생존이 이념에 앞선다.

먹고 사는 문제의 해결이 정치의 중심이다. 제우스, 그는 나중에 그걸 깨닫는다.

인류가 걸어온 과정에선 공유의 시절이 있었다. 이때는 가족의 개념이 없었다. 부족장이 있다곤 해도 부족 내에서 그냥 최고 어른일 뿐이었다. 모두 함께 일하고 함께 먹고 살았다. 가족이 없었으니 아버지란 칭호도 어머니란 칭호도 특별한 의미가 없었다. 여인들은 모두 여인들 따로, 남자들은 모두 남자들끼리 생활했다. 공동의 아버지, 공동의 어머니 그리고 공동의 자녀들이었다. 공동의 재산이었다. 결혼은 군혼이었다. 재산을 탐할 일도, 시기할 일도, 질투할 일도 없었다. 모두가 평등한 부족민이었다. 인류가 집단을 이뤄 산 이래 가장 평화를 유지한 시대였다.

이와 유사한 개념의 이상향을 소설로 그린 작가가 있었으니 올더스 헉슬리의 〈멋진 신세계〉이다. 이 소설의 이상국가의 모토가 공유, 균등, 안정으로, 아이는 태내출산이 아니고 부화를 시킨다. 부화과정에서 계급별로 나누어 배아시켜 아이들을 만들어낸다. 아이들은 맞춤형으로 계급에 따라 탄생한다. 부모가 없다. 정해진 계급 내에서의 균등이다.

공유에는 음식은 물론 성욕의 대상도 포함한다. 남녀가 따로 독립의 적을 이루지 않으니 언신이니 이네니 남편이란 게 넘 자체가 없다. 성을 공유하기 때문에 시기나 질투도 없다. 같은 여자와는 또는 같은 남자와는 세 번 이상 관계를 나누면 질타를 듣는다. 모든 걸 공유하는 것으로 안정을 이룬다. 부족원 모두가 두루두루 모든 걸 공유하기 때문에 모두가 공평하다. 다만 이 소설이 군혼과 공유의 시대와 다른 점은 공유시대엔 계급이 분화되지 않은, 족장만 어른으로 있었던 데 비해 소설에선 네 계급으로 출산시켜 유지한다. 신체적 계급이라 할 수 있다.

리더는 목자와 같다. 목자는 앞에서 양 무리를 이끈다. 양들은 목자를 믿고 따른다. 목자가 어디로 이끄느냐에 따라 무리의 운명은 정해진다.

리더 역시 목자라면 목자이다. 누구나 리더로 살려는 사람은 좋은 리더를 꿈꾼다. 누구에게나 공평하고 누구에게나 평등하게 대하는 꿈과 비전을 갖는다. 이것 역시 리더의 자리에 오르기 전까지이다. 그 기간이 끝나고 무리가 따르기 시작하면 리더는 순종하는 무리만 편애한다. 편한 게 좋고 신경 거슬리는 게 싫기 때문이다. 진정 리더의 자질은 이때부터다. 줄에서 벗어나려는, 말 안 듣는 무리를 어떻게 따르게 하느냐, 이걸 해결하라고 리더는 존재한다.

아흔아홉 마리의 양보다 잃은 양 한 마리 찾기의 비유는 아흔아홉 마리는 소중하지 않다는 의미가 아니라 양 한 마리 다루기 어려움의 역설, 리더 또는 목동의 능력의 역설이다. 이처럼 능력 있는 리더, 진정 현명한 리더는 첫 마음을 유지한다. 인내하고 노력하며 낙오 없는 무리의 선두에 선다. 말 잘 듣는 양 무리에겐 아주 평범한 또는 어린 목동으로 충분하다. 잃은 양, 한눈파는 양을 향한 사랑의 목자가 양 무리에 필요하다.

데메테르는 고루 씨앗을 뿌리라 한다. 돌밭에도, 가시밭에도, 길가에도, 빈들에도 뿌리라 한다. 고루 경작하는 기술을 배우라 한다. 우리 모두는 자신의 마음에 씨앗을 뿌린다. 내 안에 어긋난 안 좋은 성격이나 습관이 있다면 그걸 좋은 성격이나 습관에서 벗어나지 않게 관리해야 한다. 훌륭한 사람은 자신의 마음 밭에 좋은 생각과 좋은 이념, 좋은 철학을 심는다.

우리 모두는 자신을 이끄는 리더이다. 나아가 다른 존재를 이끄는 리더로 성장한다.

훌륭한 리더는 공동체에 진정한 공유, 진정한 안정, 진정한 평등을 심는다.

절차 무시한 도전과 모험은 집단에 피해

"자리가 사람을 만든다."는 말은, 능력은 없는 것 같았으나 그 자리에 앉더니 그럽대로 일처리를 잘한디는 의미다.

실제로 그런 일은 예나 지금이나 비일비재하다. 능력이 없었던 것이 아니라 능력이 있었음에도 선입견을 갖고 보았거나, 스스로도 자신의 능력을 몰랐을 경우이다. 누구나 삶의 다양한 분야를 모두 경험할 수 없기 때문에 자신의 능력을 모두 가늠할 기회가 없다.

반면 그 사람이라면 그 자리에 잘 어울리겠다 싶었으나 영 아닌 경우도 또한 많다. 제 분야가 아니라면, 처음 맡는 자리라면, 같은 분야라도 위치에 따라 일 처리가 판이하게 다르기 때문이다. 또한 남이 하는 걸 보면 자신도 충분히 그 일을 잘할 수 있으리라, 오히려 더 잘 해낼 수 있으리라 생각할 수도 있다. 그러나 막상 자신이 직접 해보면 생각보다 어렵다고 느끼는 경우도 많다. 관찰자 입장과 실행자 입장은 아주 다르기 때문이다.

바로 안타이오스가 그런 경우이다. 엘레우시스의 왕 켈레오스의 아들 트리프톨레모스는 데메테르에게서 선물로 받은 용들이 끄는 전차를 타고 하늘로 날아올랐다. 그는 세상을 돌아다니며 곡물의 씨를 뿌렸다. 그렇다고 밤낮없이 노동하지는 않았다. 낮에는 부지런히 일하고 밤이면 어느 궁이든 내려가서 머물렀다. 그가 세상을 떠돌며 잠시 파트라이에 머물 때였다. 그 나라의 왕은 에우멜로스, 그는 왕의 허락을 받고 그곳 궁전에 묵었다.

그런데 그가 잠든 사이, 에우멜로스 왕의 아들 안타이오스가 그의 전차, 용들이 끄는 전차를 몰래 타고 나갔다. 그는 트로프톨레모스처럼 자신이 직접 씨앗을 뿌리려고 했던 것인데, 그는 한 번도 용이 끄는 전차를 몰아 본 적이 없었다. 트리프톨레모스가 몰 때는 용들이 말을 고분고분 잘 들어서 아무나 운전할 수 있고, 아무나 씨앗을 고루 뿌릴 수 있을 줄 알았는데, 막상 안타이오스가 고삐를 잡자, 용은 어디로 갈지 갈피를 못 잡고 좌우고저로 움직였다. 씨앗들도 뭉치로 떨어지고 멀리 튀어나가고 말이 아니었다. 씨앗 뿌리기도 그렇지만 그의 능력으론 전차를 몰 수 없었다. 점점 날뛰는 용들을 제압하려 애쓰던 그는 결국 고삐를 놓침과 동시에 위로 몸을 솟구쳤다가 아래로 추락하고 말았다.

용들이 소리를 지르는 바람에 잠에서 깬 트리프톨레모스와 에우멜로스 왕이 밖으로 달려 나왔을 때, 용들은 전차를 끌고 궁전 안을 마구 달리고 있었다. 마침 트리프톨레모스가 휘파람을 불자 용들은 움직임을 멈추었다. 그런데 마차 안엔 안타이오스가 없었다. 다시 살펴보니 안타이오스는 저만치에 나동그라져 있었다. 이미 절명한 상태였다. 자신의 능력을 가늠 못한 안타이오스는 비극을 맞았다. 안타깝게 여긴 트리프톨레모스와 에우멜로스 왕은 그를 위해 안타이오스 시를 건설했다.

안타이오스의 비극은 자기 능력을 과신한 오만과 모

험심 에서 비롯됐다. 때로 모험은 유용하다. 한 번도 경험한 적은 없지만 낯선 일에 도전한다는 것은 가상하다. 이러한 도전 정신을 가진 이들, 때로 무모하다 판단할 수 있는 일에 모험을 거는 선각자들 덕분에 어떤 분야든 진보를 거듭했고, 거듭하는 중이다.

안전만을 추구하고 관습이나 습관만 답습하면 항상 답보된 상황에 머물고 만다. 물론 이러한 삶은 편안하다. 도전과 모험은 권할만한 일이다. 그럼에도 절차를 무시한 도전과 모험은 집단에 피해를 줄 수도 있고, 집단에 부정적인 영향을 끼칠 수 있다.

특히 다른 사람이 무난히 해내는 일이라고 얕잡아 보는 오만은 버려야 한다. 막상 자신이 그 입장에 있으면 마음대로 되지 않는 경우가 많다. 훈수를 두는 입장에선 잘 보이고 판단도 잘 하지만, 막상 자신이 그 일을 맡으면 잘 안 보이고 잘 판단이 안 되는 일은 얼마든지 있다. 어떤 일이든, 어떤 자리든 '아무나'는 아니다. 겸손이 미덕이다.

안타이오스는 트리프톨레모스의 용이 끄는 전차를 보고 자신도 충분히 운전할 수 있다는 오만으로 도전했다가 비극을 맞았듯이, 오만은 좋지 않지만 자리가 사람을 만든다는 요행은 더 좋지 않다. 오만과 도전을 구분할 줄 아는 지혜로 도전하면 타인보다 앞설 수 있다. 또한 과신은 금물이지만 자기 안일의 답습은 지양해야 한다. 과신과 모험을 구분할 줄 아는 지혜로 스스로 자리를 만드는 모험을 감행할 때, 보다 스스로 발전할 수 있다. 한 번도 실패하지 않는 삶보다 여러 번 실패해도 다시 일어서는 삶이 더 멋진 삶이다.

리더의 근간은 경제

인간은 자연을 문명으로 바꾸는 유일한 동물이다. 인간은 자연의 명령을 거역한다. 오히려 자연을 감히 지배하려 한다. 자연을 조작한다. 인간에 의해 변형되거나 조작된 자연을 문명이라 한다. 인간은 반자연적 존재이다. 이런 영악한 존재인 인간은 각 인간끼리도 서로를 거역하려 든다. 그래서 인간이 존재하는 곳에선 자연은 오염당하고 인간끼리 서로 시기하고 질투한다. 가까운 사이일수록 먼 사이보다 쉽게 원수로 바뀐다.

인간은 아주 복잡 미묘한 존재다. 인간은 신까지 속이려는 참으로 요상한 존재이다. 중요한 일엔 첫째도 사람 조심, 둘째도 사람 조심, 셋째도 사람 조심해야 하는 이유이다. 반면 중요한 일 중 혼자 할 수 없는 일을 할 때 중요한 존재 또한 사람이다.

데메테르는 트리토폴레모스를 믿고 그에게 중책을 맡

겼다. 이에 부응하느라 트리프톨레모스는 아주 부지런히 용의 전차를 몰고 다니며 곡물의 씨앗을 뿌리기도 하고 때로는 인간들에게 곡물의 씨앗을 전달하면서 씨앗을 뿌리는 법과 경작하는 방법을 전했다. 하지만 모든 일, 중요한 일은 더구나 그렇듯이 그 일은 때때로 난관에 부딪혔다. 안타이오스가 그의 전차를 몰래 몰다가 사고를 낸 일이 있는가 하면, 때로 질시의 대상이 되기도 하고 방해를 받기도 했다.

한 번은 트라키아 지역의 게타이의 왕 카르나본이 그를 죽이려고 기습했다. 불시에 기습을 당한 그는 다행히 죽음을 면했으나 전차를 끄는 용 한 마리가 죽었다. 데메테르 여신은 그에게 다시 용 한 마리를 내주었다. 그리곤 카르나본 왕을 벌하여 비참하게 죽게 한 다음, 여신이 인간을 위해 하는 일을 방해한 죄엔 어떤 벌을 받는지를 영원히 상기시키기 위해 그와 그가 죽인 용을 별자리로 만들어 하늘에 있게 했으니, 뱀과 뱀주인별이다.

또 한 번은 스키티아의 왕 린코스가 불의를 행했다가 벌을 받았다. 트리프톨레모스가 스키티아에 갔을 때 그는 마치 곡물을 가져다준 것을 자신이 그렇게 한 것으로 바꾸기 위해 그를 죽일 생각을 했다. 그래서 그는 트리프톨레모스가 잠든 사이에 단도로 그를 찌르려 했으나 데메테르 여신의 방해로 실패하고 말았다. 여신은 화가 나서 그를 저주하여 스라소니로 변하게 했다.

이렇게 여러 번의 죽을 고비와 어려움을 겪은 트리프 톨레모스는 엘레우시스로 돌아왔다. 그러나 켈레우스 왕은 아직 건강하기 때문에 트리프톨레모스에게 왕위를 넘겨줄 의사가 없었다. 오히려 아들의 인기를 시기하여 아들을 죽이려 했다. 위기의 순간 데메테르가 나서서 왕을 만류한 다음, 왕을 자리에서 물러나게 하고 트리프톨레모스를 왕위에 오르게 했다. 왕위에 오른 그는 아버지에 이어 엘레우시스 비교의 두 번째 제사장을 맡으면서 여신과 페르세포네를 위한 제전을 열었다. 여신의 축복을 받으며 모범적인 생활을 한 그는 죽은 후에는 미노스, 라다만티스와 함께 죽은 자들을 심판하는 심판관으로 지하 세계에서 당당히 살고 있다.

데메테르가 농경시대를 책임진 리더라면, 트리프톨레모스는 농경시대의 경제의 근간을 책임진 수행자의 상징이다. 데메테르는 인간 생존의 일차욕구인 농경의 모든 것을 그에게 전수한다. 관련한 일체의 임무수행을 트리프톨레모스에게 일임한다. 최대한 간섭하지 않는다. 다만 문제를 그가 해결할 수 없을 때, 치명적인 위기에만 돕는다. 그가 어려움을 겪을 때만 나서서 해결해준다. 그리곤 다시 일임한다. 소신에 맡긴다. 방향만 잡아준다.

이는 시대든 생존의 근간이 있으니, 요즘은 이를 경제

의 근간이라 부른다. 생존의 문제와 직결된 경제의 근간, 시대에 따라 다른 경제의 근간, 리더의 제일 덕목은 경제의 근간을 제대로 읽고, 그 방향을 잘 잡고, 그 방향으로 무난히 나갈 수 있는 인재를 등용하고, 그에게 중요한 지침을 내려주고, 그가 난관에 부딪쳤을 때 난관을 해결해주는 것이다.

그 다음에 2차로 3차로 나아가야 한다. 근간을 해결하지 않고는 누각 위에 집을 짓는 것과 같다. 욕망도 마찬가지다. 식욕을 어느 정도 채워야 성욕이 일고, 성욕을 해결하면 잉여 욕망이 따른다. 이상이 아무리 아름다워도 경제의 근간을 해결하지 못하면 잠시 타오르다 푸르륵 꺼지는 민심을 달랠 수 없다. 따라서 리더는 자신의 능력을 우선 점검하여 자기능력에 맞게 솔직해야 한다.

변할 것이냐? 변화를 따를 것이냐?

'내 운명은 내가 선택하며 산다. 나를 결정하는 건 나다. 나는 내 인생의 주인공이다. 나는 세상의 변화를 기다리기보다 내가 먼저 변한다.' 이 말들은 얼마나 멋진가!

이렇게 살 수는 없을까? 신화는 그렇게 살라한다. 내가 절망에 빠져 있건 슬픔에 젖어 있건 시간은 흐르고, 시간이 흐르면 세상 모든 것은 변한다.

열정에 관한 한, 사랑에 관한 한 둘째가라면 서러운 제우스는 페니키아의 왕 아게노르의 딸 에우로페를 납치했다. 능수능란한 연애의 귀재 제우스는 이번엔 에우로페가 좋아하는 모습, 황소로 변신하고 접근해서 욕심을 채웠다. 아게노르 왕은 가장 사랑하는 딸을 잃자 당장 찾아오라며 아내 텔레파사, 세 아들 카드모스, 포이닉스, 킬릭스를 내쫓았다. 넷은 백방으로 에우로페를 찾다가 텔레파사는 죽고, 결국 에우로페 찾기는 실패했다.

아게노르에게 돌아가 봐야 경칠 일밖에 없다고 판단한 삼형제는 각자의 길을 갔다. 그중 카드모스는 델포이 신전에서 자신의 운명을 물었다. 신탁은 "에우로페를 찾는 것을 포기하라, 암소를 따라가서 암소가 눕는 자리에 도시를 건설하라"고 했다. 그가 따라간 암소는 그를 보이오티아(암소의 땅)로 인도했다. 그는 그곳에 도시를 세웠으니 테베다.

그는 테베를 강한 나라로 만든 후에 아레스와 아프로디테의 딸 하르모니아를 만난다. 화해의 여신 하르모니아가 인간 여자로 변신하고 지상을 유람한다. 우연히 카드모스를 만난다. 서로 사랑한다. 귀여운 여신과 지혜로운 왕의 결혼식엔 그리스 전역의 왕들과 신들도 초대를 받아 참석한다.

데메테르 여신도 딸 코레를 찾아 헤매는 중이었으나 잠시 기분전환도 할 겸 참석했다. 그러니 그녀는 긴치 분위기에 젖어들지 못하고 허전하기 이를 데 없었다. 그때에 젊은이 이아시온이 눈에 들어왔다. 사랑의 감정은 아니지만 외로움과 슬픔을 달래줄 대상으로 그녀는 이아시온을 눈여겨봤다. 데메테르와 달리 맘껏 잔치 분위기에 취한 이아시온은 데메테르의 추파에 즉각 반응했다. 몰래 피로연장에서 빠져나온 둘은 세 번 갈아놓은 밭에서 사랑을 나누었다. 그것을 알아차린 제우스는 허락 없이 여신과 인간이 결합한 것의 징벌로 벼락을 던져 이아시온을 죽이고 말았다.

이아시온과의 결합으로 데메테르는 이미 임신한 터였다. 산달을 채우고 그녀 홀로 쌍둥이 플루토스와 필로멜로스를 낳았다. 이 두 형제는 말이 끄는 수레를 발명하고 경작을 하는 데 수월한 쟁기를 발명하여 농경 발전에 기여했다.

이아시온은 제우스와 엘렉트라 사이의 아들이란 설에 비추면 그는 영원자라는 의미이다. 그럼에도 그를 죽였다는 것은 논리적으론 설명이 어렵다. 상징적으로 보면 이아시온은 씨앗, 데메테르는 대지를 이른다. 저 옛날 우라노스와 가이아의 최대축소형이라 할 수 있다.

세 번 갈아놓은 대지는 곧 데메테르의 심적 상징으로 코레 이외의 새로운 씨앗을 받아들여 또 다른 생명을 잉태할 준비가 되어 있음을 의미한다. 태초의 곡물이 밀이라면 다른 곡물의 등장이 있어야 풍요로운 대지가 될 수 있으니, 데메테르, 즉 대지가 낳은 플루토스의 의미는 풍요로움이다. 쌍둥이로 알려진 필로멜로스를 파자(분해)하면 '운율을 사랑하다'로 노동요의 탄생을 짐작 하게 한다.

데메테르와 이아시온 사이에서 "부와 풍요로움"의 의미를 안고 태어난 플루토스는 지상을 돌아다니며 사방에 부를 퍼트리는 일을 담당한다. 헤시오도스는 이를 "플루토스는 온 대지와 바다의 너른 지역을 돌아다니며 자기와 만나 자기를 껴안는 사람들은 누구나 다 부자로 만들어주고 복도 많이 내려준다."라고 전한다.

코레의 행방불명에도 불구하고 의도하지 않은 데메테르의 행각, 이는 우연한 발견과 발명의 신화다. 대지는 외부에서 어떤 씨앗이 내려오느냐에 따라 새로운 변종을 낸다. 시간의 흐름에 따라 변이나 변종이 생기게 마련이다. 그에 따른 궁여지책을 발견한다. 아무리 머물고자 하나 머물 수 있는 건 아무것도 없다. 시간을 이길 수 없다. 가만히 있어도 외부의 자극이나 개입은 불가피하고, 반응을 낳는 것은 당연하다. 변질되기를 기다릴 것이냐 스스로 먼저 변할 것이냐 두 길밖에 없다.

신화는 비록 스스로 수동적인 대지라는 인식을 벗고 먼저 선택하여 변화의 주체가 되라 한다. 그것이 나를 풍요롭게 한다고. 풍요와 빈곤, 그것은 나의 선택이다. 곧 능동적으로 변할 것이냐 수동적으로 변화를 따른 것이냐.

삶의 고통이 운명처럼 덤벼들 때

　신화는 때로 시대를 고발한다. 남성의 폭력은 당연하고 죄나 처벌의 대상이 아니었던 시대, 대부분의 기록은 남성중심 사회에 남긴 것들이다. 종교도 신화도 심지어 고전도 남성중심이다.

　여성폭력에 대해 처벌받지 않는 대목이 나온다. 그러나 다시 읽으면 여성 입장에선 불편하다. 여성 차별적으로 읽힌다. 왜냐하면 사람은 아무리 뛰어나도 시대적 환경이나 시대적 관습에 발을 담그고 있기 때문이다. 다만 당대를 역설로 바라보고 해석하여 조금 앞선 생각을 할 수 있을 뿐이다. 먼 미래를 이미 잉태한 신화에도 괴물은 여성으로, 희생제물도 여성으로, 괴로움을 주거나 질서를 깨뜨리는 근원도 여성으로 그려져 있다.

　하나밖에 없는 딸, 어디에 있는지도 모르는 딸, 데메테르는 딸의 행방을 찾아 골고루 지상을 누볐다. 슬픔에 젖고 괴로움에 찌든 그녀의 모습은 처량했다. 한편으로는 우수에 찬 모습이 묘한 매력을 자아냈다. 그녀의 묘한 분위기에 포세이돈의 욕망이 움직였다. 기회를 엿보며 남몰래 뒤따르던 포세이돈이 그녀를 다짜고짜 뒤에서 포옹했다. 깜짝 놀란 데메테르는 본능적으로 뿌리치곤 상대를 확인했다. 포세이돈이었다. 일단 흠칫 물러난 포세이돈은 사랑을 고백했다. 외롭지 않느냐며 그녀의 아픈 곳을 건드리는 말로 그녀의 마음을 떠보았지만 데메테르는 지칠 대로 지친 상태라 사랑을 나눌 마음이 전혀 없었다. 그녀는 완곡하게 거부의사를 밝혔다.

그녀의 거부 표시에도 불구하고 포세이돈이 능글맞은 미소를 지으며 다가섰다. 그녀는 물러섰다. 밀고 당기는 샅바싸움처럼 긴장과 이완의 순간들, 더는 참지 못한 포세이돈이 갑자기 기습하듯 데메테르를 안았다. 가까스로 그의 완력에서 벗어난 데메테르는 그 순간 암말로 변신했다. 그리곤 잽싸게 달리고 달리다 아르카디아의 온키오스 왕의 말들 틈에 숨었다. 변신하는 데엔 한수 위인 포세이돈도 지지 않고 얼른 말로 변신하고 따라오더니 속지 않고 데메테르에게 접근했다. 옴짝달싹 못한 그녀는 포세이돈을 받아들였다. 이로 인해 임신한 그녀는 나중에 얼굴은 말에다 몸은 아름다운 여자인 데스포이나와 불사에다 바람처럼 빠른 신마 아레이온을 낳았다.

데메테르는 말을 낳자마자 그 나라의 왕 키오스에게 선물했다. 신통하고 빠르기로 유명한 신마 아레이온, 한 번은 헤라클레스가 빌려갔다. 헤라클레스는 아우게이아스 왕이 내린 과업으로 엘리스의 왕의 축사 청소를 맡았다. 헤라클레스는 청소를 해주는 대가를 받기로 언약했다. 그런데 엘리스의 왕은 약속한 대가를 지불하지 않았다. 이를 미음에 품었던 헤라클레스는 과업을 다 마친 후에 고생하던 당시에 홀대한 자들에게 복수를 할 때 엘리스 나라도 대상으로 삼았다. 그래서 엘리스를 공격할 때 아레이온을 빌려 타고 가서 대승을 거두었다.

그 다음엔 이 말은 테베를 공략한 7장군 중 한 명인 아르고스의 왕 아드라스토스가 받았다. 아드라스토스는 테베 원정 때 7장군 중 유일하게 목숨을 건졌는데, 검은 갈기의 말 아레이온은 아르고스 군이 테베 군에게 패하고 목숨을 잃을 위기에서 아드라스토스를 태우고 재빨리 싸움터를 벗어나 안전한 곳에 그를 내려놓았다. 그 덕분에 그는 목숨을 구했다.

일본의 미쓰비시 자동차 '스타리온Starion'은 '스타Star'와 '아리온Arion'의 합성명사로, 아리온은 아레이온 areion의 영어 이름이다.

대지의 여신과 바다의 남신의 결합은 순리적인 결합이 아니라 강요와 폭력의 결합이다. 자연현상을 보여준다. 해일이나 폭우의 범람을 뜻한다. 물결이 밀려온다. 검푸른 바다와 달리 물결이 곤두서면 마치 백마들이 열 지어 뭍을 삼킬 듯이 달려드는 모습 같다. 수많은 군마들이 일렬로 일순간 덤벼든다. 그리고 푹 꺼지고 뒤로 물러난다. 다시 이열이 따른다. 삼열, 사열, 오열, 연이어 드세게 덤벼드는 흰 물결이 넘치면 뭍은 더는 버티지 못하고 물결에 짓눌린다. 침식당한다. 그런 요동 끝에 남는 폭력의 현장에 남는 것들, 해일의 현장이다. 힘의 폭력에서 말의 폭력으로 변하는 시점이다.

우리 삶도 그러하다. 때로 운명처럼 삶의 고통도 덤벼든다. 마치 약속이나 한 듯이 설상가상으로 겹쳐 오는 운명의 해일은 대지와 바다의 만남과 같다.

데메테르의 슬픔은 아랑곳없이 위로라는 그럴 듯한 폭력의 이면엔 강자의 논리가 숨어 있다. 신은 인간을 공평하게 창조하였으나 물리적 힘의 시대에 약자인 여성은 철저히 유린당하며 살아왔음의 풍자적 기록이 또한 신화다.

이제 힘의 시대가 서서히 저물고 언어의 시대, 정보의 시대가 꽃을 피운다. 리더십에서 중요한 건 언어다. 어떻게 말하느냐. 그것은 곧 마음의 씨앗이다. 훌륭한 리더는 언어를 다룰 줄 안다. 오히려 약자를 위로하고 보듬어주는 언어, 부드러운 말의 힘이 지혜와 결합하여 시를 낳고 노래를 낳는, 언어의 지혜를 갖추고 있다.

데메테르의 생산 파업
자신의 의사가 무시당할 때 선택한 무기

생산의 의미, 신화의 생산의 의미는 크게 둘로 나눈다. 먹을거리의 생산, 즉 개체보존을 위한 생산과 종족보존을 위한 생산이다. 이 생산의 주체는 상징적으로 대지가 담당한다. 대지가 생산을 거부한다는 의미는 여성이 생산을 거부한다는 의미인 동시에 생산의 주체는 남성이 아니라 여성이란 뜻이다. 생산은 아무리 능력 있는 남성도 해결할 수 없는 여성의 권한에 속한다. 여성의 힘, 여성만이 가진 힘, 여성 지배력의 상징, 앞으로 전개할 데메테르의 파업은 먹을거리로서의 생산임과 동시에 종족보존의 생산을 예견한다.

데메테르가 딸을 찾아 헤맨 오랜 세월, 그만큼 농경의 기술은 고루 그리고 멀리 전파된다. 그리스 전역을 거의 방황한 지, 신들의 시간으로 9일이 지나고, 열흘 째 되는 날 데메테르는 확신은 못하지만 그녀의 딸이 납치되는 것을 본 듯하다는 여신 헤카테를 만났다. 헤카테는 테메테르에게 알려주었다. 세상이 갑자기 캄캄해지나 싶었을 때 검은 말들이 끄는 검은 마차를 탄 검은 존재가 나타나 코레를 납치하는 걸 보았으나, 너무 어두운 데다 그 대상도 검은 색인지라 납치범의 정체를 알아볼 수 없었고 그녀는 세상 모두를 훤히 내려다보는 태양신 헬리오스에게 가보라고 데메테르에게 조언했다.

　　뜻밖의 좋은 소식을 들은 데메테르는 태양신 헬리오스를 찾아갔다. 헬리오스는 적어도 낮에는 하늘에서 지상 곳곳을 내려다보았다. 또한 거짓말은 절대 하지 않았다. 헬리오스의 말은 모두 진실이었다. 데메테르가 기대한 대로 헬리오스는 그녀에게 코레를 지하의 하데스가 나타나 다짜고짜 납치해 갔음을 알려주었다. 딸의 행방을 알았으나 도무지 지상엔 올라오지 않는 하데스, 그렇다고 어느 신이든 지하세계로 들어갈 수 없음을 아는 데메테르는 절망에 빠졌다.

　　실의에 빠져 더는 움직일 힘도 잃고 상심한 그녀는 시칠리아의 동굴에 틀어박혀 꼼짝도 하지 않았다. 그녀가 활동을 멈추자 곡물과 관련한 모두는 완전 정지했다. 움트던 싹도 멈추고 자라던 곡물도 그 상태서 전혀 변화가 없었다. 지상에서 굶어죽는 인간의 수는 늘어났다. 연쇄적으로 신전엔 제물을 바치러 오는 인간은 고사하고 찾는 인간 자체가 없었다. 인간을 잃은 신들은 제우스에게 요청하여 인간들이 모두 죽지 않게 해달라고 했다.

　　제우스는 긴급회의를 열기로 하고 열두 신을 소집했다. 하지만 데메테르는 일절 온다 간다 대답도 않고 거처에서 한 발짝도 움직이지 않았다. 전령 헤르메스가 찾아갔지만 일체 무응답이었다. 제우스는 이번엔 여신들을 보냈다. 여신들이 그녀를 간곡히 설득했지만 먹히지 않았다. 인간들 모두 죽으면 신들이 무슨 재미로 살겠나, 인간은 신들에게 꼭 필요하다고 설득 반 위협 반 해도 그녀는 움직이지 않았다. 자신의 딸을 당장 자신 앞에 돌려주지 않는 한 자신은 어떤 일도 하지 않겠다고 선언했다. 이제 이 문제의 해결은 제우스의 몫이었다.

인간은 상하가 없었다. 남성중심 사회 이전엔 모계중심으로 집단을 이루었으나 여성이 상위에 있었던 건 아니었다. 농경시대 이후 남성중심 집단의 형성으로 비록 남성이 생산의 주체가 되었으나 상하관계는 아니었다. 생산의 단위 또는 재산의 단위가 가족으로 바뀌면서 점차 영주와 농노로, 귀족과 평민으로, 주인과 노예로 인간불평등이 생겼다.

이후 선각자들, 자유시민이 제3계급이 생기면서 시민혁명과 같은 투쟁을 통해 인간불평등의 문제를 해소하려 애썼다. 농노제도, 노예제도는 형식적으로는 역사의 뒤안길로 물러났다. 그럼에도 심화된 남녀불평등의 문제, 어쩌면 가장 심각한 이 문제는 수면 아래 있었을 뿐 제기조차 되지 않았다. 그러다 아이러니하게도 1910년대 프랑스 여성들의 낙태합법화 운동을 시작으로 1900년대 후반에 접어들면서 이 운동은 남녀평등운동으로 발전했다. 덕분에 그나마 여성의 지위는 점차 향상되는 중이다. 우리나라에서도 진행 중인 낙태합법화 논의 역시 그 연장선상에 있다.

이전까지 여성의 아이 생산은 단순히 의무였다. 여성만이 가진 힘, 종족보존 능력을 남성들은 당연한 의무로 생각했으나 프랑스에서 일어난 낙태운동이 여성을 각성하게 했고, 동시에 남성의 위기의식을 불러왔다. 아이 생산은 여성의 의무가 아니라, 선택이자 권리라는 의식이 바로 낙태합법화 논의로, 여성만이 가진 능력이기 때문이다.

데메테르의 파업, 자신의 의사를 무시하는 한 생산 활동을 거부하려는 데메테르, 데메테르의 의무라기보다 권리라는 신화의 기억은 현재의 여성권리의 중요성을 아주 먼 과거에 이미 보여주었다.

코레에서 페르세포네로의 부활
지하왕국에서 4개월 버티는 규칙

누에는 삶을 멋지게 마감할 줄 안다. 씨알에서 깬다. 가루 같은 아주 부드러운 뽕을 먹는다. 잠을 잔다. 깬다. 조금 큰 뽕을 먹는다. 그렇게 넉 잠, 썰지 않은 뽕잎을 그냥 먹는다. 그리곤 곡기를 끊는다. 대신 집 지을 준비를 한다. 실을 뽑아내면서 스스로 짓는 집에 갇힌다. 그 하얀 방에서 번데기로 머문다. 그리고 조건이 갖추어지면 나비로 자신의 방에서 나온다. 부활이다. 번데기의 과정, 흰 무덤을 거치지 않은 나방은 없다.

마찬가지로 그리스신화에서 코레는 지하세계를 경험하고 페르세포네로 부활한다. 딸의 행방을 몰랐을 때는 그나마 비록 우울하고 지치더라도 씨를 뿌리는 일, 경작하는 일, 결실을 가져오게 하는 일로 지내면서 세상을 떠돌던 데메테르, 그녀가 파업을 하자 제우스를 비롯한 신들은 달리 재주가 없었다. 여신들의 간곡한 부탁에도 그녀의 마음을 돌릴 수 없었다. 방법은 코레를 다시 지상으로 나오게 하는 도리밖에 없었다. 신들은 모두 제우스를 원망하며 코레를 지상으로 돌아올 수 있도록 조치를 내리라고 압력을 넣었다.

보다 못한 제우스는 헤르메스를 불렀다. 신들 중 헤르메스만이 지상과 지하를 오갈 수 있는 전령신인 때문이었다. 제우스의 부름에 헤르메스는 제우스가 원하는 게 뭔지를 이미 간파했다. 제우스의 명을 받은 그는 지하로 내려가 능수능란한 말과 제스처로 하데스를 설득했다. 하데스는 코레를 지상으로 보내겠다고 확답했다.

그런데 이미 코레에게 반한 하데스는 약속은 했으나 너무 아쉬웠다. 그는 그녀를 돌려보내더라도 다시 돌아오게 할 방법은 없을까 궁리했다. 궁리 끝에 그는 좋은 생각을 떠올렸다. 다름 아닌 지하왕국에서 어떤 음식이라도 먹으면 최소한 4개월은 그곳에서 지내야 하는 규칙을 알아차린 거였다.

그는 그녀에게 어떤 음식을 주면 먹을까, 그때까지 아

무엇도 먹지 않고 버틴 그녀의 마음을 움직일 음식, 그는 먹음
직한 석류를 생각해냈다. 그는 시침을 떼고 잘 익은 석류를 정
성스럽게 포장하여 그녀의 방으로 들어갔다. "난 여전히 당신
을 사랑하오. 하지만 당신은 어머니 곁으로 돌아가기를 그토록
원하니 그대를 돌려 보내려하오. 그러나 막상 헤어지려니 그대
에게 잘 해준 것도 없고 미안하오. 그래서 작은 정성이나마 선
물을 준비했으니 이것만은 받아주시오." 그녀는 그의 진정성
있는 듯한 선물을 받았다. 하데스가 나가자 그녀는 선물을 풀
자 너무나 먹음직스러운 빨간 석류알들이 내다보았다. 그녀는
별 생각 없이 여섯 알을 먹었다.

이제 드디어 그녀는 밖으로 나갈 참이었다. 그때 하데
스는 지하세계의 규칙을 언급했다. 아차 싶었으나 그녀는 모른
척했다. 그냥 무사히 나가나 싶었는데 그녀가 석류를 먹는 것
을 본 아스칼라포스가 그 사실을 고자질했다. 그녀는 일 년에
넉 달은 지하로 다시 돌아오는 조건으로 지상으로 올라갔다.

화가 난 그녀는 아스칼라포스에게 벌을 내려 큰 바위
로 그를 눌러놓았다. 그때부터 그는 바위 밑에 깔린 신세로 지
냈다. 오랜 후, 헤라클레스가 지하의 케르베로스를 잡으러 왔다
가 그를 해방하자 화가 난 페르세포네는 그에게 스틱스 강물을
뿌려 올빼미로 변하게 만들고 빛을 볼 수 없게 만들었다.

지상으로 돌아오면서 코레는 페르세포네로 변했다. 페

르세포네는 그때부터 어머니 데메테르의 나라와 하데스의 나라 사이를 왕래하며 살 수밖에 없었다. 그래서 페르세포네는 대지에 밀의 씨앗을 뿌리는 10월 초면 하계에서 지상으로 올라오곤 했다. 그때부터 곡물의 신 데메테르와 함께 지냈다.

밀이 싹을 내고 수확하는 8개월 동안의 행복하고 온화한 시간이 지난다. 그리곤 밀의 수확이 끝나는 6월 초에는 그녀는 싫어도 다시 하계로 내려가 하데스와 생활한다. 이 기간엔 땅엔 불볕더위가 기승을 부리고, 비도 내리지 않는 불모의 시간이 흐른다.

지중해성 기후인 그리스에서 밀의 휴직기인 유월 초에서 시월까지, 대지가 식물을 내지 않는 기간에 그리스에서는 밀을 가을에 파종한다. 그리곤 초여름인 유월 초에 수확한다. 이 기간이 8개월인데, 신화는 이를 코레로 설명한다. 즉 처녀로 수태되지 않은 모습이다. 씨알 그 자체를 상징한다.

코레는 페르세포네로 부활한다. 이 기간을 페르세포네가 지상에서 데메테르와 함께한 시간으로 설명한다. 이때부터 페르세포네가 어머니 데메테르의 품을 떠나 하계에 머무는 넉 달 동안은 땅에서 아무 것도 자라지 못하는 불볕더위가 기승을 부린다. 이 기간에는 비도 내리지 않는다. 코레의 상태로 지하에 있는, 곧 씨앗의 형태로 흙속에 묻힌 기간이다.

이 코레가 석류 알을 먹는 의식, 성인식을 거쳐 페르세포네로 변하는 의식으로, 동물로 보면 임신가능함의 상징이며, 결합의 상징이다. 데메테르와 페르세포네 신화는 처녀에서 어른으로의 통과의례요, 씨앗이 곡물로 재탄생하는 계절의 순환을 의미하는 신화다. 만일 코레가 지하로 들어가지 않으면 코레 그대로 있고, 지하로 내려가 수태하면 많은 생산을 하고 소출을 내는 페르세포네가 될 것이다.

씨앗은 땅에 묻혀 썩는 대신 새로운 생명으로 재탄생한다. 그리고 다시 씨앗으로 여문다. 다시 땅에 묻힌다. 이러한 순환이 세상을 풍요롭게 한다. 이는 모든 만물의 순환의 이치이다. 여기서 유래한 엘레우시스의 비교 의식과 마찬가지로 예수도 씨앗으로, 어린양의 상징으로 죽음을 맞고, 부활하여 헤아릴 수 없이 많은 결실을 불러오지 않았던가!

민심을 이반하지 않게 하려면 생존의 문제, 배고픔의 문제를 해결해야 한다.

데메테르가 온갖 고난을 겪으며 오랫동안 지상을 떠돌았던 이유, 생존 문제 해결의 중요성을 이야기한다.

6

화합

제우스와 므네모시네

므네모시네는 기억memory의 여신이자 화합의 상징이다. 제우스와 결합은 권력과 기억의 융합을 뜻한다. 제우스와 아홉 밤을 함께 지낸 뒤, 시와 음악의 요정들인 9명의 뮤즈Muses를 낳았다. 사람들로부터 괴로움을 잊게 하는 존재로서, 9명의 뮤즈를 낳아 예술과 학문을 발전시켰다. 그 한가운데에 '화합'의 키워드 목걸이를 꿰차고 있었다.

〈므네모시네〉, 단테 가브리엘 로쎄티, 1878년

—— 제우스의 다섯 번째 선택은 기억의 여신 므네모시네이다. 기억의 다른 말은 기록이라 할 수 있다. 기억이나 기록은 이제까지의 발자국이라 할 수 있으며, 이제까지 이룬 바탕이다. 기록과 기억 덕분에 시행착오를 줄일 수 있고, 처음부터 다시 시작하는 것이 아니라 이루어놓은 바탕에서 시작 가능하다.

반면 기록은 지울 수 없는 까닭으로 공과 사는 항상 남는다. 기록 후에는 보다 주의를 할 수밖에 없다. 또한 기억을 통해 정확한 전달은 물론 그릇된 관계를 되짚어 수정할 수 있다. 제우스의 딸들 뮤즈는 만국의 언어이자, 만국의 춤으로 화합을 의미한다. 제우스는 함께 노래하는 합창, 함께 춤추는 축제, 함께 써 가는 기록을 중시한다.

제우스와 므네모시네의 결합

기억의 힘, 예술과 학문을 발전시킨다

나는 누구인가? 나는 기억의 존재이다. 내가 기억하는 전부가 나이고, 기억하지 못하는 건 내가 아니다. 나의 몸은 내 기억이 입력되어 있는 한에서 나의 것일 뿐 그 이상도 그 이하도 아니다. 내 몸이 비록 성인이지만 기억된 정보가 아이의 정보가 전부라면 어린이일 뿐이다. 그만큼 기억은 중요하다.

인생의 전부는 기억이라해도 과언이 아니다. 기억하는 나, 그게 바로 나의 존재다. 내가 누군가의 무엇이라면 나는 적어도 그 관계를 기억하고 있다는 뜻이다. 내 재산이 얼마라면, 내 가족이 누구라면, 내 위치가 무엇이라면, 나는 그것을 기억한다는 뜻이고 그것을 망각한다면 더 이상 나는 아무것도 아니다. 기억은 그만큼 소중하고, 망각은 그만큼을 잃는 것이다.

그리스신화엔 기억의 여신 므네모시네mnemosyne와 망각
의 신 레테가 공존한다.

제우스는 시행착오를 줄이려면 기억하는 것이 중요하
다는 것을 알아차렸다. 제우스는 기억의 여신 므네모시네에게
접근했다.

티탄 신들은 오누이 간에 짝을 맺어, 오케아노스와 테
티스, 히페리온과 테이아, 코이오스와 포이베, 크로노스와 레아
가 결합하여 가정을 이룬 후였다. 그중 이아페토스와 클레이오
스가 짝을 찾지 못하다가 이아페토스는 조카 클리메네, 클레이
오스 역시 조카 에우리비아와 짝을 이뤘다.

그때까지 여신들 중 테미스와 므네모시네는 짝을 이루
지 못했다. 이미 테미스와 결합하여 사회질서에 기여하는 자식
들을 낳은 제우스는 기억의 여신 므네모시네를 노렸다. 제우스
의 유혹에 그녀 역시 제우스와 결합했다. 무려 9일간 동침하여
딸 아홉을 낳았다.

딸들 한 명 한 명은 무사mousa, 합해 부를 땐 복수로 무
사이mousai라 부른다. 이 무사가 영어로 뮤즈muse이고, 여기서 파
생한 영어로 박물관 뮤지엄museum, 뮤직music, 뮤지컬, 뮤지션 등
이들 모두 기억의 여신 므네모시네에서 비롯된 메모memo, memory

등과 함께 기억과 연관있다. 무사이는 모든 것을 기억하는 여신들이다.

이 뮤즈들은 각기 고유한 재능으로, 신들의 나라에 기여한다. 신들의 향연에서는 시로, 노래로 합창을 하고, 인간들 중에 자신들의 재능을 부여하고, 시인이나 예술가들에게 영감을 주며, 예술과 문학, 학문 등을 관장한다. 올림포스에선 예술의 신이자 태양신 아폴론을 수행하고 신들의 연회에 참여한다. 아폴론을 '무사이(뮤즈)를 이끄는 자' 무사게테스라고도 부르는 이유이다. 올림포스 산에서 신들의 연회가 열리면 뮤즈들은 아폴론의 리라˚ 연주에 맞춰 노래를 부른다.

아홉 명의 뮤즈는 각기 맡은 분야가 다른데, 책을 든 모습의 역사를 담당하는 클레이오, 웃는 가면을 든 모습의 희극 담당 탈리아, 연애시를 담당하는 에라토, 플루트를 든 모습의 서정시 담당 에우테르페, 생각에 잠긴 모습의 찬가와 무언극 담당 폴리힘니아, 월계관과 책을 든 모습의 서사시 담당 칼리오페, 리라를 든 모습의 가무 담당 테르프시코레, 지구의와 나침반을 든 모습의 천문 담당 우라니아 그리고 슬픈 가면을 쓴 비극 담당 멜포메네이다.

• 리라lyra_ 그리스의 작은 현악기. 개신교에서 수금이라 부름.

뮤즈의 숫자는 처음 원전에는 3명이었는데 최종적으로 9명으로 전한다. 기억의 여신 므네모시네와 신들의 제왕 제우스의 결합은 권력과 기억의 융합을 의미한다. 인류의 지속적인 발전은 기억에 의존한다. 만일 인간의 두뇌에 짐승들보다 훨씬 성능 좋은 기억장치가 없다면 만물의 영장일 수 없다. 기억이 없다면 항상 새로 시작해야 하기 때문이다. 기억 덕분에 제로섬 게임을 하지 않고 지금까지 이룬 무언가의 토대에서 발전해 나간다. 역사는 기록되고 기능이나 기술은 전수되고, 예술은 변조를 거듭하며 발전한다. 역사, 문학, 종교 그리고 예술은 당대를 넘어섬과 동시에 전수된다.

이제 제우스와 므네모시네 사이에서 나온 뮤즈들, 이들은 기억의 후예답게 시대를 넘어선다. 인종을 넘어선다. 언어를 넘어선다. 예술은 만국 공통어로 어디에서든 소통을 돕는다. 기억의 힘을 바탕으로 예술과 학문, 철학은 발전한다. '나는 너를 기억한다. 너와의 관계를 기억한다. 고로 너는 나의 연인이다. 너는 나의 친구다. 너는 나의 스승이다.' 그렇다. 이 모두가 기억의 힘이다.

아홉 뮤즈 협연, 이상적인 공동체의 소통

　기억은 음악에서 가장 중요하다. 음악은 물론 문명의 발전에서 빼놓을 수 없는 게 기억이다. 기억이 없다면 늘 같은 시행착오를 반복할 수밖에 없다. 기억 덕분에 기억하는 정보로 이어갈 수 있다. 기억 덕분에 지난 정보를 고스란히 활용하여 거기에 새로운 정보를 더하며 발전을 거듭한다. 제우스가 정보의 신답게 기억의 여신을 아내로 맞은 이유다.

　재능이 너무 뛰어나 인간의 차원을 능가할 만한 재능을 보유한 사람을 명장이라 한다. 신들의 명장은 헤파이스토스를 꼽는다면, 인간 최초의 명장의 명예는 다이달로스가 얻는다. 다이달로스는 바로 헤파이스토스의 후손이기 때문이다.

　명장 다이달로스의 딸 키오네는 무척 아름다웠다. 가끔 지상을 오가는 아폴론 신이 우연히 한 번 키오네를 보고는 한 눈에 반했다. 키오네에게 마음이 동한 아폴론은 키오네의 마음을 얻으려 애썼다. 음악에 특별한 재능이 있어 신들의 향연엔 뮤즈들을 이끌고 총지휘를 하는 아폴론, 그는 키오네를 유혹하기 위해 아주 멋진 청년으로 변신하고 지상으로 내려왔다. 여성들의 마음을 끌 수 있는 모습에다 리라를 연주하는 청년으로 변신하고 그는 키오네에게 접근했다. 키오네는 낭만적인 청년의 모습을 띤 아폴론에 반했다. 금세 가까워진 둘은 뜨거운 사랑을 나누었다. 청년으로 변신한 아폴론은 그 후 그녀

앞에 나타나지 않았다. 청년의 정체도 모른 채 키오네는 아들 필라몬을 낳았다.

필라몬은 아폴론의 재능을 물려받은 덕분에 천부적인 음악의 재능을 뽐냈다. 그가 연주를 하면 처녀들은 몰래 숨어 그의 모습을 훔쳐보며 연정을 품곤 했다. 그 중에 얼굴이 유난히 희어서 그런 뜻의 이름을 가진 아르기오페Argiope란 님프가 필라몬을 향한 강한 연정을 품었다. 처음에는 필라몬의 모습만 훔쳐보며 짝사랑만 하던 아르기오페는 점차 사랑하는 마음이 자라 더는 주체할 수 없자 드러내놓고 그에게 접근했다. 필라몬은 처음엔 그녀의 접근을 외면했지만 점차 그녀의 집요한 접근을 굳이 피하지 않고 그녀의 사랑을 받아들였다.

필라몬은 그 후 그녀를 외면했다. 그녀는 인내심을 가지고 그를 따라다니며 그의 마음을 돌리려 애를 썼지만 마음을 돌리진 못했다. 자존심이 상한 그녀는 분한 마음을 달랠 길 없어 파르나소스 근처를 떠나 트라키아로 떠났다. 그곳에서 아들 타미리스를 낳았다. 한편 필라몬은 아르고스와의 전쟁에서 전사했다.

음악의 천재 신 아폴론과 명장의 딸 키오네의 사랑으로 태어난 필라몬, 필라몬과 아르키오페 사이에 탄생한 타미리스의 음악적 재능은 신기에 가까웠다. 자신의 재능을 마음껏 발휘하며 타미리스는 자신의 음악 실력에 자부심을 가졌다. 타미리스는 잘 생긴데다 신기에 가까운 음악적 재능으로 많은 여인들의 사랑을 받았다. 그럴수록 그의 사랑은 여인들을 향해선 일지 않고 동성애에 관한 사랑으로 발전했다. 그의 동성애의 대상은 아주 잘생긴 히아킨토스인데 하필 히아킨토스를 아폴론도 사랑했다.

남성들 간의 삼각관계, 질투심이 발동한 아폴론은 타미리스를 모함했다. 타미리스가 오만하게 자신이 무사이, 즉 뮤즈들보다 노래를 잘할 수 있다고 공언했다며 뮤즈들을 자극한 것이다. 이 말을 전해들은 뮤즈들은 대노하여 타미리스에게 시합을 하자고 제안했다. 시합에서 만일 뮤즈들이 이기면 눈과 그의 음악적 재능을 빼앗을 것이고, 만일 타미리스가 승리하면 그로 하여금 뮤즈들과 차례로 사랑의 기회를 주겠다고 공언했다.

타미리스와 아홉 뮤즈는 경연을 벌였다. 결과는 당연히 뮤즈들의 승리였다. 타미리스는 혹독한 벌을 받았다. 그는 눈을 빼앗겨 눈이 멀었고 음악적 재능도 잃었다. 그는 연주하는 기억을 모두 빼앗겼다. 그 다음부터 그는 리라를 다룰 수 없었다. 그는 리라를 발리라 강물에 던져버렸다.

음악은 만국 공용어다. 서로 언어가 달라도, 서로 문화는 달라도 음악은 시공을 초월하여, 인종을 초월하여 서로 통한다. 또한 음악은 문자를 몰라도 서로 통한다. 때로 거북한 불협화음이 생기면 어느새 끌리는 협화음이 되도록 음을 조절한다. 그만큼 음악은 중요하다.

음악은 소통을 중시하며 협화음을 중시한다. 음악은 모든 영역에서 아름다운 협화음을 의미한다. 물 흐르듯 유려하지 않으면 불협화음을 협화음으로 만들 수 없다. 과감히 조정해야 좋은 협화를 이룰 수 있다. 불협화음이 수묵화의 한 획에 그어진 붓질처럼 아름답게 공존하는 라벨의 '볼레로' 같은 경우도 있기는 하다.

타미리스에게 부과한 상과 벌은 협화와 불협화를 말한다. 겸손하지 않으면, 상대를 무시하면 협화는 불가능하다. 음과 음의 어울림이 불협화를 넘어 조화를 이룬 협화를 이뤄 만국 소통어가 되듯이 음악은 조화와 협화의 상징, 소통의 상징이다. 서로 다른 음들의 어울림인 협화에 들지 않는 음의 도드라짐이 있다면 그 음은 전체에서 뺄 수밖에 없으니, 오만한 타미리스 음은 협화에 들 수 없다. 아홉 뮤즈의 협연은 이상적인 공동체를 향한 소통의 협화이다. 협화를 이끄는 지휘자 아폴론은 리더의 상징으로, 그는 이성과 절제, 지혜의 신이다. 이 모두의 아버지, 제우스는 단장인 셈이다.

우라니아의 아들 리노스
삶에서 경계 1호는 오만이다

무척 힘들 때, 삶이 괴로울 때, 음악은 묘한 힘을 준다. 무기력을 깨워 기운을 북돋우워주고, 없던 힘을 깨워 몸을 흔들며 춤까지 추게 한다. 음악은 참여한 사람을 하나로 묶어준다. 서로 목소리는 다르지만 여럿이 소리를 섞어 화음을 이루어 부르는 합창, 합창을 부르는 곳엔 화합만 있다. 독창으로 시작하더라도 축제의 끝 무렵엔 합창을 하는 이유, 음악은 분열을 화합의 장으로 유도한다는 뜻이다.

제우스가 권력을 공고히 다져, 카오스에서 코스모스로 진행하는 중간 단계에 기억의 여신 므네모시네와 결합한 이유도 여기에 있다. 유연하면서도 체계적이고 질서 잡힌 리더십은 마치 음악과 같다. 음악의 3요소가 리듬, 멜로디 그리고 하모니(화성)이듯이, 지혜로운 리더십의 3요소 역시 융통성, 조직성과 통합성이다.

제우스와 므네모시네 사이의 아홉 뮤즈 중 우라니아 Urania는 천문을 관장한다. '하늘'이라는 이름을 가진 뮤즈답게 그녀는 우주의 화음 중 가장 높은 음을 낸다. 그녀는 별을 수놓은 옷을 걸치고, 한 손에는 지구를, 다른 한 손에는 컴퍼스를 들고 다닌다. 그녀는 영롱한 두 눈으로 항상 하늘을 쳐다본다. 그녀는 하늘의 움직임과 변화를 읽는다. 특히 별들의 움직임으로 세상을 읽고 미래를 읽는다. 그녀는 우주의 이치를 훤히 알지만 함부로 발설하지 않는다. 그녀의 발밑엔 침묵의 상징인 거북이가 숨 쉰다. 그래서 그녀는 천문학자, 점성가, 철학자들에게 영감을 부여하는 수호신으로 추앙받는다.

총명하고 지혜로워 보이는 그녀의 매력에 당연히 아폴론도 반했다. 한때 둘은 연인 사이로 지냈다. 덕분에 아폴론과 결합한 우라니아는 혼인의 신 히메나이오스와 음악의 신 리노스를 낳았다.

장례식을 치를 때 후렴으로 되풀이하여 외치는 '아일리노스'ailinos에서 유래한 리노스는 아폴론 신의 아들이라는 설보다는 아폴론과 아르고스의 왕 크로포토스의 딸 프사마테의 아들로 보는 아르고스의 신화가 좀 더 타당해 보인다.

이 설에 따르면, 인간으로 변신해 사랑만 주고 아폴론이 떠나자 처녀의 몸으로 아들 리노스를 낳은 프사마테는 갓난아기를 들판에 내다 버렸다. 그래서 리노스는 들개들에게 갈기갈기 찢겨 죽었다. 아폴론은 자기 피를 받은 아들이 버림받자 화가 나서 복수의 님프 포이네를 보내어 아르고스의 어린아이들을 모조리 죽게 만들었다. 그러자 이번엔 영웅 코로이보스가 포이네를 죽였다. 그때부터 아르니스 축제, 또는 개 죽이는 날이란 쿠노폰티스 축제를 열고, 들개들을 죽여 제물로 바치면서 리노스와 프사마테를 애도한다는 설이다.

　　　이보다 더 타당한 설은 테베의 신화로, 리노스를 뮤즈 우라니아와 포세이돈의 아들이자 음악의 명장 암피마로스 사이에 태어난 아들로 본다.

　　　우라니아의 아들답게 리노스는 음악의 대가로 리듬과 멜로디를 최초로 발명했다. 그는 그만의 독특한 음악 '리노스의 노래'를 만들었다. 그는 또한 음악 선생으로 헤라클레스에게 하프를 가르쳤다. 유명세를 얻으며 그는 자신이 음악에 관한 한 아폴론 신에 필적한다고 공언했다. 이에 모욕감을 느낀 아폴론은 복수하기로 했다. 어린 헤라클레스는 무예엔 뛰어났으나 음악엔 영 재능이 없었는데, 가르치기 답답한 리노스는 그를 꾸중했다. 그때를 기회로 아폴론은 비록 어리지만 힘이 무척 센 헤라클레스의 화를 돋우어 지팡이로 선생을 때리게 만들었다. 헤라클레스에게 정수리를 가격 당한 리노스는 그 자리에서 숨을 거뒀다(원래는 테베의 신화에서 리노스의 죽음에 관해선 아폴론이 죽였다, 헤라클레스에 맞아 죽었다는 설이 있으나 논리적으로 둘을 합쳐 필자가 구성했음).

　　　한 사람의 인생에도, 한 사회의 구성에도, 한 국가의 구성에도 가장 중요한 것은 음악과 같은 하모니가 있다. 삶이 비록 굴곡지더라도 그 굴곡을 부드럽게 넘나들기 위해선 리듬을 타듯 유연함이 있어야 한다.

어떤 으뜸음을 중심으로 높낮이를 조정하는 멜로디처럼, 삶에선 자기 조절을 할 수 있어야 한다. 화음들을 조화롭게 하는 화성처럼 때로 힘든 일이 닥치더라도, 예기치 않은 일이 닥치더라도 삶에서도 자신이 자신의 삶의 음악을 만들어 내고, 자신의 인생의 지휘자가 되어야 한다.

이런 삶의 과정에서 가장 경계해야 할 것이 있다면 오만이다. 오만이나 과신, 과욕은 자신의 삶의 리듬을 깨뜨려 삶의 멜로디를 종잡을 수 없게 만들어 삶의 불협화음을 만들어낸다. 국가를 조율하고, 사회를 조율하는 사람이 있듯이 내 삶은 내가 조율한다. 나는 내 감정의 현을 조율한다. 아폴론이 중용의 신이듯이, 늘 자신의 감정을 잘 조율하며 평상심을 유지해야 한다.

결혼의 신 히메나이오스
'다르다'의 의미 알아가기

3의 균형감, 세상의 중요한 것들은 대부분 3으로 구성되어 있다. 세상의 근본원리는 3이란 의미다. 하늘과 땅 사이에 가장 중요한 존재가 인간이니, 3요소로 나누어 천지인이요, 기독교의 하나님이 삼위일체요, 아리스토파네스가 분류한 인간이 세 종류다. 범위를 좁히면 시, 수필, 소설의 구성도 3요소로 이루어져 있다.

　　마찬가지로 음악의 3요소는 리듬, 멜로디 그리고 하모니이다. 이 중 일정하게 박자를 반복하면서 장음과 단음을 늘어놓는 것이 리듬이요, 높고 낮은 음을 질서 있게 연결한 것이 멜로디 또는 선율이다. 한 음만으로 이루어진 가락은 너무 단순하고 허전해서 지루하게 느껴질 수 있으니, 두 음 이상의 서로 다른 높이의 음을 동시에 울려 깊이 있는 음악을 이루는 것이 하모니다. 이를테면 합창처럼 높은 가락과 낮은 가락으로 동시에 어울려 연주하는 화음의 모임이 하모니이다. 부연하면 두 음 이상을 동시에 울리는 음을 화음, 두 음 이상의 울림을 많이 연결한 것을 하모니라 한다.

　　이처럼 조화를 이룬 아름다운 음악은 마치 사람과 사람의 아름다운 관계와 같다. 서로 다른 두 존재가 만나 한 인생으로 살아가는 결혼은 음악과 같다. 서로의 높낮이를 맞추고 서로의 장단을 맞추어 하나로 조율하는 화음으로 조합하는 하모니는 아름다운 결합의 다름 아니다. 뮤즈에게서 결혼의 신이 탄생하는 것은 당연하다.
　　역사의 뮤즈 클리오Clio—클리오라는 뜻은 '명성' 또는 '서술자'이다—그녀는 제우스와 므네모시네의 딸로, 역사를 담당하는 뮤즈답게 두루마리와 명판을 휴대하고 다닌다. 또한 긴

나쌀노 들고 나니나가 잔치가 벌어지는 자리에선 나팔을 불어 흥을 돋운다.

그녀는 세상을 유람하다 마케도니아의 왕 피에로스와 사랑을 나누었다. 그래서 그녀는 최고의 미소년 히아킨토스와 결혼의 신 히메나이오스Hymenaios를 낳았다.

결혼의 신 히메나이오스는 결혼식에서 축혼가를 노래하는 역할을 한다. 그는 머리에 화관을 쓰고 손에 횃불을 쥔 미남자로 등장한다. 아티카에 전해오는 신화에 따르면 그는 해적들로부터 한 무리의 여인들을 구출했다고 한다. 그 여인들 중에 그가 사랑한 소녀가 있었는데, 그 소녀와 결혼하여 그는 행복하게 살았다. 그들이 죽은 후에 결혼식이 열리면 결혼축가에서는 그의 이름을 줄여 히멘을 반복하여 불러서, 히멘은 노래의 후렴구의 상징적인 의미가 되었다고 한다.

히멘, 조화를 이룬 음들의 반복인 후렴구는 다름 아닌 서로 다른 두 존재의 조화로운 결합의 상징을 의미한다. '서로 다르다'란 말은 단순하지만 이 다름은 상당히 복잡한 의미를 갖는다. 서로 다른 유전자들의 결합, 서로 다른 환경에서 자란 존재들의 결합, 서로 생각이나 사상이 다른 존재들의 결합, 더구나 본질적으로 달라도 너무 다른 성, 남자와 여자의 결합에서의 조화는 무척 어렵다. 아름다운 결합을 위해선 단음과 장음이 교차하면서 조화를 이루는 것처럼 두 존재는 조화로운 결합을 해야 한다. 저음과 고음이 서로 대칭적으로 머무르는 게 아니라 서로 교차하면서도, 서로 뒤섞이면서도 하모니를 이루듯 두 존재는 끈끈한 결합을 이루어야 한다.

이처럼 서로 달리 살던 이들이 결혼으로 합하여 한 가정, 아름다운 가정을 이루려면 음악처럼 고저장단의 조화를, 서로 다른 음들을 조율하여 협화음을, 하나의 악보에 때로는 변주를 하면서 음의 장단을 맞추고, 음의 고저를 조절하여 이루듯, 서로의 생각을 조율하고, 목소리의 톤을 맞추고 배려하며 화합해야 한다. 리듬으로 생각을 조율하고, 멜로디로 대화를 조절하고, 말과 생각과 행동을 화합하여 함께 눈높이를 맞추고 같은 방향으로 손잡고 나가는 것이 행복한 결혼의 세 가지 요소이다. 음악의 세 가지 요소가 리듬, 멜로디, 하모니이듯이…….

테르프시코레와 아켈로오스의 합창

혼자 부르는 노래도 아름답지만, 화음을 넣어 함께 부르는 노래는 진한 감동을 준다. 서로 다른 목소리로, 서로 다른 높낮이의 음색을, 서로 다른 길이의 음의 조화를 이뤄 부르는 노래, 합창은 즐거움을 준다.

제우스와 므네모시네이 딸들, 뮤즈 준 합창이 뮤즈, 이름이 테르프시코레인 이유는 그 뜻이 춤추는 즐거움인 때문이다. 그녀는 바로 합창과 춤을 관장한다. 그녀는 신들의 향연이 벌어지는 자리에서 화관을 쓰고 리라를 연주한다. 그녀가 이렇게 흥에 겨워 연주를 하면 합창대, 곧 코러스가 그녀 옆에서 그녀의 음악에 맞추어 여인들이 빙 둘러 원을 이루고 노래를 부르며, 원을 그리며 춤을 춘다.

이렇게 함께 노래하는 곳엔, 함께 춤추는 곳엔 합창과 가무의 뮤즈 테르프시코레가 있다. 테르프시코레는 '기쁘다' 또는 '즐겁다'는 뜻의 그리스어인 '테르포terpo'와 동그랗게 둘러서서 추는 춤, 곧 원무를 의미하는 '코러스choros'의 합성어로 춤추는 즐거움을 뜻한다. 고대 연극에서 배우가 무대에서 연기할 때, 배우의 말을 받아 대답하는 역할을 한 무리를 코러스라 했는데, 현대 영어의 무용수라는 텁시코리언terpsichorean도 이 뮤즈의 이름에서 유래한다.

향연이 있는 곳에선 가장 역할이 많은 뮤즈 테르프시코레는 강의 신 아켈로오스의 끈질긴 구애를 받아 그와 결합했다. 둘의 결합으로 아켈로오스 강은 아름다운 노래를 얻었다. 교교한 달빛을 받아들인 강물은 바다에 수초들과 돌들에 부대끼면서 물속을 유영하는 생물들의 몸짓과 숨소리를 조율하면서 사랑의 노래를 불렀다. 아킬로오스를 사랑한 테르프시코레는 뛰어난 음악의 재능을 가진 딸들을 낳았다.

이들을 세이레네스라 부르고 보통 세이렌이라 하며, 영어로는 사이렌으로 읽는다. 세이레네스는 어머니인 테르프시코레와는 다르다. 아주 매혹적인 여인이지만 몸엔 새의 날개를 달고 있다. 악기를 연주하지는 않는 대신 노래만 고혹적으로 잘 부른다. 이들은 바닷가 외딴 하얀 섬에 살면서 노래를 부르는데 그 노래가 얼마나 매혹적인지 뱃사람들의 심금을 울린다. 이들의 노래를 한 소절이라도 들은 사람은 누구나 노래에 취하여, 노래 소리 나는 쪽으로 뛰어든다. 그리곤 그 쪽으로 헤엄을 치고 치다 결국 익사한다. 세이렌들이 생활하는 섬이 흰 이유도 뱃사람들의 뼈들이 모여 이룬 섬이기 때문이다. 이들은 항상 혼자 노래하지 않는다. 고혹적인 목소리로 합창하여 뱃사람들을 노래에 취하게 만든다.

함께 부르는 노래 합창이 아름다운 이유는 각자의 목소리가 도드라져서가 아니라 조화롭게 혼합되어 하나의 음으로 통합되기 때문이다. 만일 합창하는 사람 중 한 명이라도 자신의 목소리를 돋보이려 한다면 합창은 깨지고 만다. 합창에선 나는 없고 팀만 있다. 그렇다고 개인을 희생하는 건 아니다. 개인의 음을 팀에 녹여 넣음으로써 여러 음들의 아름다움으로 재탄생한다. 그래서 개인인 나도 빛나고 팀도 빛난다. 개인이 노래할 때는 자유로우나 합창할 때는 자유롭지 않다. 주변 음과 조화를 이루는 법을 배워야 하고, 이를 위해 지휘자의 손짓이나 표정도 살펴야 한다. 이러한 불편을 잘 딛고 서로의 고저장단의 음을 하나로 녹여낸 협화음은 홀로 부른 노래보다 우렁차고 더욱 아름답다.

합창은 여럿을 하나로 묶는 힘을 부른다. 불협화음을 협화음으로 조율하는 배려와 희생 그리고 협업의 마음을 얹어야 가능하다. 이제 마음과 마음을 얹은 아름다운 합창에 서서히 익숙해지면, 서로의 마음과 몸을 하나로 잇는 정겨움으로 하나가 되니 원무이다. 바로 삶의 향연으로 테르프시코레, 곧 노래하는 즐거움이자 춤을 추는 즐거움이다. 이 합창과 원무의 상징은 가정의 화합이요, 사회의 화합이요, 나라의 화합이다.

아폴론은 곧 중용의 신이요 이성의 신으로 좌우로 치우치지 않고 중심을 잡고 뮤즈들을 잘 지휘한다. 덕분에 뮤즈들은 조화롭고 질서 있게 신들을 즐겁게 하고 인간들에게 아름다운 영감을 준다.

세상을 조율하는 리더의 상징 아폴론은 감정에 휘둘리지 않고 이성으로 중심을 잡는다. 그의 지휘는 분명하고 명쾌하다. 실수는 없다. 중심을 잡고 서서 좌우를 두루 살피며 앞뒤를 조율한다. 여럿이면서 하나의 협화음으로 들리게 하고, 여럿의 동작이면서 하나의 원을 그리며 춤추게 한다. 가정의 중심에도, 사회의 중심에도, 국가의 중심에도 이런 중심을 잡고 조율하는 리더가 있어 삶의 합창과 원무를 즐기게 해야 한다.

음악과 서정시의 뮤즈 에르테르페
겸손하면 다른 사람들에게 기쁨을 준다

인류 최초의 문학 형태는 노동요다. 어떤 의미를 담기보다 일하다 힘들면 자신도 모르게 힘을 내기 위해 부르는 노동요, 어떤 특정한 의도 없이 절로 나오는 노래가 노동요다.

시를 서사시, 극시 그리고 서정시 등으로 구분하면 서정시는 노동요를 잇는다 할 수 있다. 역사적 인물을 중심으로 하거나 한 개인의 사연을 이야기로 담아내는 서사적 성격의 서사시나 연극을 위한 구성의 극시와는 달리 서정시는 시인 개인의 생각과 감정을 표현한다. 시인 자신의 개인적인 체험의 산물, 사물을 관찰하여 얻은 주관적인 정서, 시인 자신이 어떤 대상에서 얻은 영감으로 얻은 삶의 깨달음, 어떤 대상에 대한 순간적인 인상에서 얻은 삶의 모습, 이러한 생각이나 감정을 시의 씨앗으로 삼아 삶을 노래한 것이 서정시라 할 수 있다. 이 모두를 형상화하여 삶을 노래하되 외재율이든 내재율로 음악을 입히는 서정시, 어떤 대상에서 받은 삶의 깨달음이나 감동을 노래하는 서정시는 가장 오랜 역사를 가진 시라고 할 수 있다. 서사시가 역사시대에 들어서 발생했다면 서정시는 선사시대에 이미 노래한 노동요를 잇는다 힐 수 있다. 고대그리스의 악기에 맞추어 노래하기 위한 시 오드~ode~ 역시 서정시에 속한다.

집단보다 개인 중심의 서정시를 관장하는 뮤즈는 에우테르페다. 이 여신은 음악을 함께 관장한다. 에우테르페의 이름의 뜻은 "기쁨을 주는 자" 또는 "환희를 주는 자"이다. 이름 그대로 그녀는 어디에 가나 음악으로, 개인의 감정을 드러낸다. 그녀의 음악을 듣는 이들은 기쁨의 감정이나 환희의 감정을 일으킨다. 에우테르페, 그녀는 음악의 여신답게 다른 신들에게 기쁨을 주기 위해 늘 손에 플루트나 피리를 들고 다닌다. 일찌기 문자가 없던 시대에 그녀는 음유시인들에게 영감을 주고 재능을 부여하여 사람들을 즐겁게 하는 데 일조한다. 부지런하고 성실한 그녀는 신들을 즐겁게 하기 위해 열심히 돌아다니다가 올림포스에서 향연이 열리면 플루트를 연주하며 사이사이에 독보적인 감성으로 연애시를 읊었다.

어느 날 뮤즈들과 트라케의 명가수 타미리스의 시합이 열렸다. 음악적 재능으로 모든 이들의 칭송을 받는 타미리스는 노래라면 자신이 뮤즈들을 충분히 능가한다고 신소리를 쳤다. 화가 난 뮤즈들이 그에게 기꺼이 시합을 청했다. 만일 타미리스가 이기면 아홉 뮤즈와 차례로 동침을 하고, 타미리스가 지면 그에 상응하는 벌을 주기로 했다. 시합을 하기 위해 뮤즈들이 악기를 들고 강을 건너던 중 에우테르페가 그만 발을 헛디

더 강물에 빠졌다. 하필이면 그녀는 강의 신 스트리몬의 침실에 떨어졌다. 그러자 그녀에게 완전히 반한 강의 신인 스트리몬은 그녀에게 끈질기게 구애했다. 결국 그녀는 스트리몬과 결합했다. 그 사랑으로 그녀는 레소스를 낳았다.

그 덕분에 레소스는 나중에 트라키아의 왕위를 물려받았다. 왕이 된 레소스는 우방 트로이가 그리스 군에 함락될 위기에 놓이자 원정을 나섰다. 그런데 중간에 아르간토에를 만나 결혼했다. 그 바람에 전쟁 십 년 째 접어든 시점에 트로이에 합류했다. 게다가 황금 무구로 무장하여 부유한 왕임을 뽐냈다. 또한 그는 눈보다도 희고 바람보다도 빠른 명마를 자랑하며, 너무 늦게 참전했다는 헥토르의 불평을 자신이 온 이상 트로이는 걱정 없다고 큰소리쳤다.

그런 상황을 알고 있는 트로이의 첩자 들론이 오디세우스와 디오메데스에게 잡히면서 적진에 알려졌다. 이 정보를 접한 그리스의 지장 오디세우스는 레소스의 명마만 훔치면 아무런 위협이 되지 않을 것으로 판단하여, 그날 밤 디오메데스와 함께 그리스 특공대를 이끌고 야간을 틈타 트로이군 야영지에 몰래 잠입했다. 그들은 레소스의 부하들은 물론 레소스를 순식간에 죽이고 눈보다 더 흰 명마들과 황금 전차를 노획하는 데 성공했다. 결국 레소스는 참전도 못하고 트로이에 도착한 그날 밤에 목숨을 잃었다. 불명예스럽게 비명횡사한 레소스의 시신을 트로이는 그의 아내 아르간토에에게 인계했다. 그의 아내는 뜻밖의 비보를 접하고 그의 시체를 안고 흐느끼다 격한 슬픔을 못 이기고 남편의 뒤를 따랐다.

음악과 시가 애초엔 개인의 감정을 중심으로 한 서정성에 의존했다면, 점차 집단생활 또는 사회생활로 발전하면서 집단중심의 예술로 발전한다. 역사시대의 개막과 함께 집단을 중심으로 한 노래 즉 서사시와 극시의 문을 연다. 하지만 틀에 박히고 정형화된 형태에선 보다 발전하는 형식을 개발하기 어렵다. 인간이 만물의 영장이 될 수 있는 힘은 개인의 유별난 감정과 집단이란 협동의 힘 덕분이다. 이 둘은 문명의 양쪽 바퀴라 할 수 있다. 개인의 감정과 주관을 중시하는 서정시는 문명화란 틀에 박히려는 격식을 보다 부드럽게 하고 자유롭게 하는 필수요소라 할 수 있다. 사람들의 감정을 자극하여 사람들에게 기쁨과 환희를 주는 시인들을 응원하고 시인들의 이러한 감정을 부여하고, 재능을 주는 뮤즈가 에르테르페이다. 그럼에도 그녀의 아들 레소스가 신중하지 못하고 들뜨다가 제 역할도 못하고, 불명예스럽게 죽는다는 신화는, 신들과 달리 인간은 재능이 많을수록 늘 겸손하고 진중해야 함을 보여준다. 그만큼 개인적인 감정과 주관은 창의적인 면을 지님과 동시에 비극적인 면을 지닌다는 의미이다.

폴리힘니아의 성스러운 노래

한 사람이 죽어 저승에 간다. 베드로 사제가 그를 천국으로 인도한다. 천국엔 하얀 옷을 입은 여자들이 피아노 반주에 맞춰 찬송을 부른다. 그런데 이승에서 제법 놀아본 사람인지라, 천국이 취향이 아니다. 베드로님께 다시 청해서 천국은 자신의 취향이 아니라며 차라리 지옥으로 보내 달라고 조른다. 지옥에는 미니스커트를 입은 아가씨들이 술을 따르며 신나게 논다. 그는 바로 그곳이 자기 취향이라며 거기에 살게 해 달란다.

그는 거기서 즐겁게 살다가 기적적으로 다시 살아 돌아온다. 그리고 얼마간 지상에 살던 그가 이번엔 완전히 죽어 저승에 간다. 역시 베드로 사제가 그를 안내한다. 그는 전에 와 봐서 아니까 자신의 취향은 지옥이니 그 곳으로 보내 달란다. 베드로는 그를 지옥으로 데려다 지옥문을 열며 들어가라고 한다. 그런데 문제는 지옥문을 여니 아름다운 아가씨들은 안 보이고 뜨거운 불길만 훨훨 타오른다. 그러자 이 친구 왜 전에 지옥과 다르냐고 베드로 사제에게 따진다. 베드로 사제는 점잖게 "형제여! 그때는 잠시 여행이었고 지금은 영주권을 받고 살러 온 것이니 얼른 들어가라!"며 그를 지옥으로 강제로 밀어 넣었다.

물론 떠도는 유머이긴 하지만 생각을 주는 이야기 아닌가? 인간에겐 성스러움의 욕망과 쾌락의 욕망이 공존한다. 뮤즈들은 바로 이러한 인간의 다양한 잉여욕구를 뮤즈 별로 나누어 대변한다. 그 중 성스러운 노래, 성스러움을 대변하는 잉여욕구의 뮤즈는 폴리힘니아이다.

많은 노래를 주관하고 특히 찬가를 맡은 음악의 무사, 영어로 뮤즈는 폴리힘니아이다. 폴리힘니아, 그녀의 이름은 합성어로 이루어져 있는데 많음 또는 다수를 의미하는 폴리poly와 성스러운 노래 또는 찬미의 노래를 뜻하는 힘노스hymnos의 합성어이다. 따라서 폴리힘니아는 성스러운 많은 노래를 뜻하며, 라틴어 계열의 찬가hymn는 이 여신의 이름에서 유래한다. 그녀는 찬가는 물론 많은 노래, 즉 시, 찬가, 춤, 판토마임, 웅변에다 기하학과 같은 문명, 인간 생존에 가장 중요한 농업도 관장한다. 그녀는 늘 긴 망토에 베일을 걸치고 정숙한 차림으로 사색에 잠기곤 한다. 그만큼 그녀는 다양한 업무를 맡고 있기 때문에 아주 신중하다.

언제나 정숙하면서도 지적인 미모를 갖춘 이 뮤즈가 노래할 때면 세상의 다른 소리들은 잦아들어 고요했다. 그녀가 부르는 노래는 하늘에 닿으며 천지에 평화를 불러주었다. 우아하며 고상한 자태를 견지하며 그녀가 노래하면 감히 어떤 남신이나 인간 남자도 그녀에게 음흉한 욕심을 품지 못했다. 그럼에도 용기를 낸 남자는 아레스의 아들 켈레오스였다. 군신 아레스는 단순하여 뭔가 마음을 먹으면 깊은 생각 없이 행동으로 옮기곤 했다. 그렇듯이 아버지 아레스를 닮아 단순하고 과감한 켈레오스는 그녀에게 용감하게 프러포즈했다. 겉으로는 진중하고 남자엔 전혀 관심이 없는 듯 보였지만 그녀 역시 은밀한 접근에 못 이기는 척 그를 받아들였다. 그 결과 그녀는 아들 트리프톨레모스를 낳았다. 그리고 그녀는 아들에게 농사에 대한 뛰어난 재능을 물려주었다. 덕분에 트리프톨레모스는 데메테르의 눈에 띄어 대지의 여신을 도와 곡물과 경작술을 전파하는 중요한 역할을 수행하여 이름을 길이 남겼다.

쾌락의 반대편엔 미덕, 저속함의 반대편엔 성스러움이 있다. 이들은 서로 반대편에 공존한다. 다시 말하면 저속함이 없으면 거룩함도 없다. 쾌락이 없으면 경건함도 없다. 이처럼 서로 상충되면서 서로의 존재이유를 부여하는 관계를 대칭관계라 한다. 서로 상반된 것 같지만 이들은 한 줄기의 연속선상에 존재한다. 처녀의 반대편에 총각이 있으니 상반된 거 같으나 이 둘은 인간이다. 결혼 적령에 달한 성인이다, 미혼이다. 이러한 점은 같고 다만 남자와 여자라는 점만 다른 것처럼, 세상 모든 상반개념은 대부분 같으나 하나만 다르다.

성스러운 노래 폴리힘니아 역시 연애시 에라토와 대칭을 이룬다. 그런 의미로 보면 세상 모두는 하나의 뿌리에서 천 갈래 만 갈래로 분화한다.

세상 모두는 존재이유 없는 것은 없다. 나 그리고 너,

우리 모두 존재이유는 충분하다. 거룩하건 저속하건 어떻게 해석하느냐, 어떤 의미를 부여하느냐에 의해 존재의 가치는 달라진다. 그 가치와 의미는 나 그리고 너의 몫이다. 다만 남에게도 나에게도 해를 끼치지 않는다는 기준으로 존재가치와 의미를 스스로 매기면 된다. 이 기준에서만 벗어나지 않게 성스러움도 저속함도 즐길 수 있으면 즐겨라!

비극의 뮤즈 멜포메네

찰리 채플린은 "인생이란 멀리서 보면 희극이지만 가까이서 보면 비극이다."라고 말했다. 유한한 시간, 유한한 공간, 유한한 능력의 인간은 따지고 보면 비극적 존재가 맞다. 생각 없이 살면 그렇고 그런 존재인 인간, 인간이 비극을 알았다면 인간은 자신을 성찰하기 시작했다는 의미이다. 저 오랜 과거에 구전되어온 신화엔 이미 오이디푸스, 아가멤논, 파리스, 헥토르 등, 비극적 영웅들이 많이도 등장한다. 그만큼 인간은 치명적인 약점을 지닌 존재이다.

이 비극, 그리스어로 비극은Tragoedia이다. 즉 산양Tragi이란 단어와 노래Oide란 단어의 합성어다. '산양의 노래'는 비극이란 뜻이다. 신의 제단에 피를 흘리고 바쳐진 산양의 모습이 신 앞에 무기력한 인간의 모습과 겹쳐 보이지 않는가? 물론 트라고에디아가 비극이란 뜻을 갖게 된 데 대한 설은 여럿 있다. 고대 그리스에서 디오니소스 제전 때, 신전에서 승자를 위해 산양을 제물로 바치는 관습에서 유래한다는 설이 설득력이 있다. 그때 제물로 산양을 바치고 그 슬픔을 합창한 데서 비극의 기원이 시작되었다는 설이다.

디오니소스 제전 중에 연극 경연을 한 이유는 당시에 반목하는 귀족과 대중 간의 갈등을 봉합하고 화해시키려는 목적이었다. 참가자는 비극 세 편과 희극 한 편을 세트로 열연하도록 구성하였는데, 등장인물은 배우와 코러스로, 배우는 귀족을 대변하는 대사와 역할을, 코러스는 시민을 대변하는 대사로, 배우의 말을 받는 식이었다.

비극의 내용은 서로 반목하고 대립한 결과 영웅이 어떤 치명적인 결함이나 실수로 비참한 비극에 떨어지는 모습이나 신과 인간의 관계에서 승산 없는 인간의 비극적인 모습을 보여줌으로써 귀족과 시민의 화해의 필요를 교훈으로 주려는 의도였다.

최초의 연극에선 배우는 한 명이었다. 점차 등장하는 배우의 수가 늘었지만, 불가피하게 역할에 따라 등장인물은 가면, 즉 페르소나를 쓰고 연기해야 했다. 고대 그리스의 3대 비극 작가로는 소포클레스, 아이스킬로스, 유리피데스로 이들은 경연대회 최다 우승자들이었다.

이러한 비극을 담당하는 뮤즈는 멜포메네로 이름의 뜻은 '노래하는 여인'이다. 디오니소스처럼 포도나무 넝쿨로 엮은 관을 쓴 멜포메네는 손에는 찡그린 표정의 가면, 단검 또는 곤봉을 휴대한다. 발엔 반장화를 신고 치마를 입고 그 위에 벨트를 매고 있다. 비극의 뮤즈인 그녀는 인간들이 감내하는 불행과 고통을 곁에서 지켜준다. 노래로 그들에게 새로운 힘을 준다. 끝내 영웅이 운명을 극복하고 승리하도록 도와주는 멜포메네는 머리에 디오니소스를 상징하는 포도나무 넝쿨로 엮은 관을 쓰고 있으며, 고대 그리스의 비극 배우가 신던 반장화와 벨트를 높이 맨 긴 치마 차림이다.

비극의 뮤즈 멜포메네가 머리에 디오니소스의 상징인 포도넝쿨을 쓰고 있음은 비극의 원인이 술과 연관이 깊음을 의미한다. 이는 라이오스 왕이 술을 마신 탓에 이오카스테와 결합하여 비극의 씨앗을 잉태한 예를 들 수 있다. 또 한 쪽 손에 비극적인 표정을 짓고 있는 가면을 들고 있음에서 비극의 여신의 후예들이 가면을 쓴다는 상징으로, 삶의 비극은 겉과 속이 다른 인간의 본성 때문임을 보여준다.

이러한 숙명적인 인간에게 필요한 것은 운명을 피하려 말고 운명에 직면하라는 뜻으로 다른 손에는 운명의 타격을 상징하는 곤봉 또는 단검을 들고 있다. 인간의 숙명을 어디까지로 볼 것이냐, 인간의 운명은 사르트르가 "인간은 BCD의 연장선상에 이루어지는 수많은 선택의 연속이다. 인간은 탄생Birth에서 죽음Death 사이에 선택Choice의 연속으로 살아간다."고 했듯이 운명은 탄생과 죽음뿐이고 나머지 선택은 인간의 몫이다. 인간에게 가장 중요한 것은 매순간 해야 하는 다양한 선택의 연속이다.

이 선택으로 때로 기회Kairos *를 잡을 수도 있고 놓칠 수도 있다. 선택을 최소한으로 축소하는 소극적인 삶이야말로 운명이 아닌 것을 운명으로 받아들이는 비겁한 삶이다. 반면 삶의 매순간의 선택을 자신의 몫으로 받아들이는 적극적인 삶은 운명에 직면하는 용기 있는 삶이다. 삶의 비극은 운명이 아니라 스스로의 선택을 방기하고 운명을 피하려는 두려움 때문이다. 비극적으로 살지 않으려면, 남들이 운명으로 받아들이더라도, 나는 그 운명에 직면하여 운명을 넘어야 한다.

운명이 아닌 것도 운명으로 받아들이는 생각을 내다 버리고 차라리 두 눈 부릅뜨고 운명에 맞서야 인간다운 삶을 살 수 있다. 나는 내 삶을 선택하며 산다. 비극도 희극도 내 선택의 몫이다. Choice로 Chance 즉 Kairos를 잡는다.

• 카이로스kairos_ 그리스 신화에 나오는 기회의 신으로, 제우스의 아들. 기욤 뮈소는 《파리의 아파트》 소설에서 '결정적인 순간'으로 표현했다.

웃는 가면의 뮤즈 탈리아
가면을 쓴 문명인의 상징

"한 번 화내면 한 번 늙고, 한 번 웃으면 한 번 젊어진다."는 말처럼 세상에 비극만 있다면 세상 살 맛 안 날 것이다. 인간을 깊이 성찰한 현자들은 인간을 비극적 운명을 타고 난 존재로 본다. 이를테면 석가모니도 인간의 삶을 고통이라 하고, 고통의 원인은 욕심에 있으니 욕심을 없애면 지복에 이른다며 고집멸도苦集滅道의 사성제를 말하고, 욕심을 멸하는 방법으로 팔정도를 주장한다. 이처럼 복잡한 사고를 가진 동물인 인간은 근원적인 존재의 비극을 느낀다. 그래서 인간은 비극의 대칭점에 인위적으로라도 희극을 놓는다.

비극은 인간의 고뇌를 엄숙하고 진지하게 표현하는 반면, 희극은 인간의 결점 또는 사회적 비리를 유쾌하고 경쾌하게 끄집어낸다. 무거운 주제라도 역설과 재치로 꼬집어 웃음을 준다. 일단 피상적으로 가벼운 웃음을 준다. 그런데 다시 생각하면 웃음 속에 무거운 의미를 발견하게 만든다. 그것이 의미 있는 희극이다.

희극을 뜻하는 코미디comedy의 어원은 그리스어 코모이디아komoidia이다. '취객들의 행진'을 뜻하는 코모스komos와 노래를 뜻하는 오이데oide의 합성어이다. 코모이디아는 디오니소스 축제 때 연극경연에서 비극 세 가지를 한 세트로 소화하고 마무리로 희극을 공연한 데서 유래한다.

근엄한 비극으로 관객을 잔뜩 긴장시키고 슬픔에 젖게 한 다음, 마무리로 웃음을 유발하는 희극을 보여주어 긴장을 해소해주고, 슬픔을 웃음으로 바꾸어준다. 희극은 경쾌한 웃음을 주되, 인간성의 불합리나 사회의 모순을 꼬집어 내어 웃음으로 만든다. 따라서 희극에는 기지, 풍자, 해학, 비판정신 그리고 아이러니가 따른다.

전형적인 희극은 이러한 웃음을 위해 다양한 성행위에 내재된 유머를 찾아내는 남근숭배 노래이거나, 결혼으로 마무리한다. 이렇게 고대의 연극경연에서는 잔뜩 고양된 갈등을 해소하고, 디오니소스적 생명력을 이루는 이질적 요소들을 재통합하려는 의도의 희극을 말미에 놓는다.

희극의 뮤즈 탈리아는 머리에는 담쟁이 넝쿨 화관을 쓰고, 손에는 우스꽝스러운 가면과 목자의 지팡이를 손에 든 모습이다. 경쾌하면서 웃음 짓게 하는 희극과 발랄한 전원시에 등장한 그녀는 평화로운 목가를 관장한다. '풍요로운 환성'이란 뜻의 이름을 가진 뮤즈답게 그녀가 있는 곳에선 웃음꽃이 핀다.

늘 좋은 인상의 그녀는 아폴론의 프러포즈를 받았다. 그래서 둘은 어렵지 않게 서로 사랑을 나누었다. 늘 진중한 표정과 모범생다운 언행의 아폴론 신은 쾌활한 탈리아의 웃음에 반하고, 탈리아는 진지하고 신수라곤 차지 않는 진중한 아폴론

에게 반했다. 이폴론과 뜨거운 사랑을 나눈 그녀는 경쾌하면서
도 흐트러짐 없이 질서 있게 춤을 추는 님프들인 코리반테스를
낳았다.

이 님프들은 어른이 되자 독립하여 대지의 여신 키벨
레를 따라다니며 열정적인 군무를 추곤 했다. 요란한 음악에
맞추어 검무를 추거나 떠들썩하고 방탕한 술판을 벌이며 키벨
레를 찬양했다. 이 님프들은 특히 스파르타에서 가장 많이 군
무를 추었다.

황금 양털을 찾아 떠난 이아손이 아르고호를 이끌고
키지코스 왕이 다스리는 섬에 들렸을 때, 그의 부하들은 실수
로 키지코스 왕을 죽였다. 그 때문인지 그들이 섬을 떠나려하
나 폭풍이 심해 출항할 수 없었다. 그래서 그들은 왕의 죽음에
애도를 표하고 정성껏 장례식도 치러 주었지만 풍랑은 여전히
거셌다. 그들은 신탁에 그 이유를 물었다. 대지의 여신 키벨레
가 키지코스 왕의 허망한 죽음에 진노한 때문이란 것이었다.
여신을 달래는 방법은 키벨레에게 제물을 바치고 키벨레의 시
종들인 코리반테스가 추는 춤을 추라고 했다. 그들은 신탁이
시키는 대로 제물을 바치고, 신화적 대모신을 섬기는 코리반트
춤을 추고서야 그 섬을 떠날 수 있었다.

비극의 뮤즈 멜포메네와 희극의 뮤즈 탈리아는 둘 모
두 가면을 들고 있다. 이는 인간의 본성을 상징적으로 보여준

다. 가면 쓴 존재, 생물 중 가면을 쓸 줄 아는 존재는 인간뿐이다. 인간은 겉과 속이 다른 언행을 한다. 그만큼 믿을 수 없는 존재가 인간이다. 속으로 즐거우면서도 상황에 따라 슬픈 척한다. 속으로 슬프면서도 겉으로는 웃는다. 자신의 감정과는 다른 모습을 타인에게 보여준다. 인간은 가면을 쓰고 산다.

　　신화는 감정의 양극단인 슬픔의 극한인 비극의 가면을 든 뮤즈 멜포메네, 기쁨의 극한인 희극의 뮤즈 탈리아로 나누고, 두 뮤즈 모두 가면을 상징적으로 들게 한다. 상대의 진실을 가늠할 수 없어서 그 속내를 알려 애써야 하기에 인간은 다른 존재보다 더 많은 고심을 한다. 아이러니하게도 그런 불편함 때문에 인간은 만물의 영장으로 살아갈 수 있는 능력을 키운다. 따라서 신이 인간에게 준 선물은 겉과 속이 다르게 살 수 있는 능력, 감정을 속일 수 있는 능력, 다른 존재를 속일 수 있는 능력이라 할 수 있다.

　　때로 슬프지 않아도 슬픈 척, 기쁘지 않아도 기쁜 척, 가면을 쓴 삶은 문명인의 상징이다. 그럼에도 불구하고 기왕이면 탈리아가 내려주는 가면, 가볍고 재미있는 희극의 페르소나를 쓰고 생활한다면 행복은 저절로 찾아온다. 어떤 가면을 쓸까? 가면을 쓰는 대로 인생은 흐른다. 탈리아의 페르소나를 쓸까, 멜포메네의 가면을 쓸까?

서사시의 뮤즈 칼리오페
우리 모두 아홉 뮤즈의 후예이다

"열린 창을 통해 안을 보는 사람은 닫힌 창을 통해 안을 보는 사람만큼 결코 볼 수 없다."는 보들레르의 상징적인 시구는 안이 보이지 않는 닫힌 창으로 보아야 더 많은 걸 본다는 의미다. 드러난 것은 그게 전부지만 드러나지 않은 것은 상상 또는 생각이랄까 마음이랄까 그런 눈으로 보니까 더 많이 본다는 뜻이다. 생텍쥐페리가 말한 "사막이 아름다워. 어딘가에 우물을 감추고 있어서야." 란 문장처럼 심안법과 맥이 닿는다.

기록이 없던 선사시대부터 사람은 살았고, 그때도 사람들은 이야기를 구성했다. 그 이야기들은 입에서 입으로 옮겨져 연결돼 왔고, 그 이야기는 기록으로 이어졌다. 바로 기록 이전까지 낳은 사람들의 이야기를 신화라 부른다. 신화는 곧 선사시대 인들이 기록을 남길 줄 아는 역사시대 인들에게 넘겨준 선물이다. 신화는 아주 오랜 인류, 역사시대 이전의 그들의 삶, 그들의 생각, 그들의 감정, 그들의 생활방식을 보여주는 상징들이다. 그들은 물론 실제라 생각한 원시적인 시각으로 본 전체라 할 수 있다. 그들의 유산을 기록할 줄 아는 이들, 역사시대 인들이 정리했으니 그것을 서사시라 한다. 고로 서사시는 신화의 후손에 다름 아니다. 신화의 시대에 이미 서사시를 담당하는 뮤즈를 생각했다니 놀랍다.

　　서사시를 담당하는 뮤즈는 칼리오페이다. 칼리오페 Calliope의 뜻은 "아름다운 목소리"이다. 그녀는 늘 서사시를 담당하는 지성의 뮤즈답게 늘 두루마리와 첨필을 들고 다닌다. 그녀는 항상 자리에 앉으면 손에 든 명판에 무언가를 기록하곤 한다. 때로는 금관을 쓰고 두루마리나 책을 들고 축전에 나와 시를 겨루는 인간을 독려하기도 한다. 그녀는 이처럼 시를 사랑하는 인간들에게 영감과 재능을 부여한다. 저 위대한 서사시인 호메로스와 헤시오도스와 같은 시인들에게 영감을 주고, 목소리를 들려준 뮤즈도 칼리오페이다. 호메로스나 헤시오도스는 멋진 서사시 〈일리아드〉, 〈오디세이아〉, 〈신통기〉, 〈신들의 나날〉로 역사시대를 연다. 베르길리우스 역시 칼리오페에게서 재능을 물려 받는다.

　　지성미를 갖춘 칼리오페는 트라키아의 왕 오이아그로스와 화려하지 않으나 정숙한 사랑을 나누어 그녀의 재능을 쏙 빼닮은 아들을 낳았다. 감정이 없는 식물에게도 감동을 주는 음악의 대가 오르페우스이다.

　　그녀는 뮤즈들 중 맏언니로, 가장 지혜롭고 미모가 출중하여 신들의 시선을 불러 모았다. 제우스의 부탁으로 어려운 문제를 풀어준 적도 있었다. 아프로디테와 페르세포네가 미남자 아도니스를 서로 차지하려 할 때, 함께 지내는 시간은 균등하게 배분하는 지혜를 발휘했다. 특히 그녀의 아들 오르페우스는 인간 세상에서 음악에 관한 한 독보적인 존재로, 그의 재능은 신기에 가까워 세이렌을 능가했다.

역사 시대를 연 서사시의 내용은 이야기였다. 다만 형식은 낭송하기 좋도록 시의 형식을 취했다. 듣는 이들이 듣기 좋게 음절을 맞추어 노래를 부르듯 했다. 낭송하기 좋도록, 암송하기 좋두록 자연스러운 노래의 형식을 띠었다. 일정한 운율에 맞추어 구전으로 이야기를 전하던 형식을 이어받은 것이 서사시였다.

어느 정도의 절제도 필요하고 적절한 언어의 선택, 필요한 정보를 조화롭게 표현하는 지혜가 필요한 형식의 서사시, 이러한 절제미와 형식미, 조화미와 표현미는 아무나 할 수 없다. 천부적으로 타고난 시인들의 전유물이다. 이러한 재능을 부여하고, 무엇을 보든 세밀하게 볼 수 있고 섬세한 감정으로 느낄 수 있도록 돕는 뮤즈가 칼리오페이다. 칼리오페의 후예는 무엇을 보든 세밀하게 보고, 섬세하게 느낀다. 보고 느낀 것을 조화롭게 종합하여 하나의 통일된 주제로 묶을 줄 안다.

오늘처럼 아름다운 하늘을 바라보며 뭔가 끄적이고 싶다면 지적인 뮤즈 칼리오페든 서정의 뮤즈 에우테르페든 그대에게 들어오려는 신호이다. 우리는 모두 시성을 갖고 있다. 다

만 문을 여느냐, 아니면 어떤 뮤즈를 모시느냐 선택만 다를 뿐
이다. 나도 너도 우리 모두 아홉 뮤즈의 후예이다.

7

소통

제우스와 마이아

헤르메스는 제우스의 가장 유능한 비서다. 제우스의 불미스러운 사건을 특유의 재치와 약삭빠른 재주로 해결해 특급 비서인 전령의 책임을 맡게 된다. 헤르메스에게 소통은 메시지를 전달하는 것에 머물지 않고, 서로의 공감을 끌어내는 양방향이다. 헤르메스의 소통 방식은 쌍방향이다.

〈헤르메스와 아르고스〉, 피터 폴 루벤스, 1550

──── 제우스의 여섯 번째 선택은 신과 인간 중간의 님프 마이아다. 마이아를 통해 헤르메스를 낳으니, 헤르메스는 전령, 상업, 여행을 맡는다. 신은 인간이 없이는 무용하다. 달리 말하면 구성원 없는 리더는 의미가 없다는 뜻이다. 헤르메스는 인간과 신 사이를 오가면서 제우스의 전령 역할을 맡는다. 한쪽만 챙기는 것이 소통이 아니라 여러 쪽을 동시에 살피는 것이 소통이다. 소통의 의미는 단순히 말을 전달하는 것이 아니라, 서로의 교감을 의미한다. 일방적이 아니라, 화자인 동시에 청자, 청자인 동시에 화자를 의미한다.

제우스는 소통을 중요시했다. 상층민과 하층민 간의 소통, 신들 간의 소통, 인간들 간의 소통을 중요시했다. 제우스가 마이아를 선택한 것은 소통의 중요성을 뜻한다.

마이아의 아들 헤르메스의 재능
말 잘하려면, 경청 후 자신의 것으로 만들어야

제우스는 사려 분별의 여신 메티스를 첫 아내로 맞았다. 그런데 둘 사이에 자식을 낳으면 첫째는 위대한 여신을 낳을 테지만 둘째는 아들을 낳을 것인데, 아들은 아버지를 능가할 운명이라는 예언을 듣자, 제우스는 메티스를 통째로 삼켜 자신과 육화시켜 자신의 권력을 유지했다. 그 대신에 정의의 여신 테미스, 기억의 여신 므네모시네, 우아한 여신 에우리노메, 농경의 여신 데메테르를 차례로 아내로 맞았다. 그리고 이번엔 님프 마이아와 결합했다.

마이아의 아버지는 아틀라스로, 그는 프로메테우스와 에피메테우스와 형제인데 오케아노스의 딸 플레이오네와 결합하어 일곱 명의 딸을 낳으니, 이 딸들을 플레이아데스라고 한다. 즉 알키오네, 메로페, 켈라이노, 엘렉트라, 아스테로페, 타이게테 그리고 마이아 등 일곱 명이다. 이들 중 메로페만 인간인 시시포스와 결혼하고 나머지 여섯은 신과 결합한다. 그녀의 자매들은 모두 하늘에 올라 별자리가 되는 명예를 얻으니, 플레이아데스성단이라고 한다. 특히 마이아는 제우스와 결합한다.

　　마이아와 결합한 제우스는 아주 꾀바르고 충실한 아들 헤르메스를 얻는다. 키레네 산의 동굴에서 태어난 헤르메스는 얼마나 영특한지 태어나자마자 요람에서 기어 나와 아폴론이 목동으로 일하던 마케도니아의 피에리아 목장으로 가서 숨어 있다가 밤의 어둠을 이용하여 아폴론의 소 떼를 훔쳐서 몰고 나온다. 소들의 발자국 소리가 나지 않게 하려고 신발까지 고안해 신긴다. 그것도 그냥 신기는 게 아니라 거꾸로 신긴 다음에, 꼬리에 나뭇가지를 매달아 발자국 자리가 지워지도록 꾀를 낸다. 그렇게 감쪽같이 소 떼를 필로스로 데려간다. 그 소들 중 두 마리는 제우스 신에게 제물로 바치고 나머지 소들은 아무도 모르는 동굴에 숨긴 다음 재빨리 키레네의 동굴로 돌아온 헤르메스는 마침 동굴 앞을 기어가던 거북의 등껍질을 벗기고, 그 껍질에 제물로 바친 소의 내장을 현으로 삼아 리라를 만든다. 그리곤 얼른 들어가 요람에 눕는다.

그제야 아폴론은 자신의 소 떼가 흔적 없이 사라진 것을 알고 사방으로 수소문하지만 목격자가 전혀 없었다. 잠시 생각에 잠긴 아폴론은 말도 안 되는 일이 일어났음을 알아차렸다. 다름 아닌 갓난 아이 헤르메스가 소도둑이라니 기가 막혔다. 아폴론은 키레네 동굴로 와서 헤르메스의 어머니 마이아에게 헤르메스의 행실을 비난했다. 그러자 기가 막힌 듯 마이아는 멀쩡히 요람에서 잠들어 있는 헤르메스를 보여주었다. 그럼에도 아폴론은 자신의 예지력을 확신하기에 헤르메스를 제우스에게 고발하여, 소 떼를 돌려달라고 했다. 제우스는 헤르메스에게 빙그레 미소를 보내며 그쯤 했으면 충분하니 시침 떼지 말고 소 떼를 돌려주라고 일렀다.

　　헤르메스는 더는 속이지 못하고 아폴론을 소를 감춘 동굴로 안내했다. 드디어 동굴 앞에 이르자, 아폴론이 동굴로 들어가는 순간 벌써 아폴론의 활과 화살을 훔쳤다. 아폴론이 동굴로 들어가자 헤르메스는 밖에서 리라를 연주했다. 그 소리가 어찌나 고운지 아폴론은 되돌아 나와서 그 악기의 정체를 물었다. 그러면서 자신의 소 떼와 바꾸기를 제안했다. 헤르메스는 훔친 소 떼를 자신의 소유로 만들고, 아폴론은 리라 연주가가 되었다.

　　이런 영특한 아들 헤르메스를 낳은 마이아는 로마신화

에선 '봄의 여신'을 의미한다. 영어에서 5월을 뜻하는 May는 '마이아의 달'을 뜻하는 라틴어 마이움Maium이 어원이다.

헤르메스 탄생신화에서 불과 태어난 지 이틀에 걸쳐 행한 헤르메스의 재치와 약삭빠름을 본 제우스는 자신의 아들들 중에서 가장 사랑하여 여러 재능을 주었다. 우선 도둑질 재능을 본 제우스는 그를 전령의 책임을 맡겼다. 약삭빠르고 재치가 뛰어나 헤르메스는 남의 말이나 정보를 훔쳐 제우스의 불미스러운 사건을 무난히 해결했다. 또한 작은 것(리라)을 내어주고 큰 것(소 떼)을 바꾸는 실력을 보고 상업의 신을 맡겼다. 잠시도 머물지 않고 꾸준히 움직이는 그의 능력을 좋게 생각하여 여행자의 신 역할도 맡겼다.

장사는 그럴듯한 거짓말을 능청스럽게 할 수 있어야 하고, 자신의 물건에 호기심을 갖게 만들어 작은 것을 내어주고 큰 것을 내 것으로 만들어야 한다.

헤르메스, 가장 유능한 비서실장

가끔 뉴스에서 정치인들의 스캔들을 읽거나 본다. 그 스캔들 대부분은 정치인이 은밀하게 숨겨둔 일면들, 무덤까지 가져가고 싶은 일들이다. 그런데 그게 수면 위로 떠올라 곤욕을 치르든가 하면 정치 생명을 빼앗기는 일들을 종종 접한다.

다만 우리가 개의 이름을 들어 개만도 못하다고 욕을 하는 이유는, 개들은 점잖게 생존을 해결하지 않고 본능대로 먹을거리 다툼을 하기 때문이요, 은밀히 종족보존을 해결하는 게 아니라 아무 데서나 그 행위를 하기 때문이다. 실상 행위만 가지고 따지고 들면 인간이 개보다 더 추하고 잔인하고 치졸한 방법으로 생존을 해결한다.

다만 인간은 개와는 달리 그걸 은밀하게 숨어서 행한 다는 게 다를 뿐이다. 그럼에도 고상한 척 그들은 한다. 그들은 고상하다. 특별하다. 적어도 들통 나기 전까지는. 그러다 들통 난다. 그것, 아무도 모를 일이 드러날 때, 그 폭로자는 최측근인 친척이거나 운전기사인 웃기면서 슬픈 일들, 그걸 스캔들이라 한다. 그들에겐 아주 충실한 비서, 절대로 주인을 배반하거나 물지 않는 개만큼 충직한 비서, 그리고 개보다 지혜로운 비서 가 필요하다.

제우스는 그 적임자로 헤르메스를 선택한다. 헤르메스 는 정통 신에 속하지 않는다. 제우스 신과 님프 마이아의 아들 이니 굳이 따지면 성골은 아니고 진골 쯤의 신이다. 때문에 그 는 오히려 겸허하게, 보다 신실하게 제우스를 위해 일하기에 적임자이다. 오만하게 다른 자리를 넘보지 않으며 주어진 일에 충실한 것으로 족할 수 있기 때문이다.

일찍이 태어나자마자 아폴론의 소떼를 훔치는 놀라운 재주, 아폴론의 마음을 움직일 수 있는 협상력, 그걸 통해 보다 큰 이익을 얻어낼 수 있는 장사 수완을 보여준 그는 제우스의 마음에 들기에 충분했다.

　이를테면 헤르메스는 아폴론에게 소떼를 내주면서 자신이 만든 악기 리라를 연주한다. 당연히 음악에 조예가 깊은 아폴론의 심리를 움직인 것으로, 제우스가 상대 여자의 마음을 얻기 위해 상대 여자가 원하는 모습으로 변신하는 것의 닮은꼴이자 진일보한 방법이다. 덕분에 소를 끌러 들어가던 아폴론의 발걸음을 멈추게 하고 아폴론과 흥정에 들어가는 데 성공한다. 일단 진행을 멈춘 음악의 신 아폴론이니 리라에 마음을 둘 수밖에 없다. 리라 소리에 매료당한 아폴론은 기꺼이 리라와 소떼를 교환한다. 게다가 헤르메스는 아폴론에게서 좀 전에 훔친 활과 화살을 내어준다. 그의 놀라운 재주에 탄복한 아폴론은 자신의 것이었지만 활과 화살을 돌려받는 대가로 헤르메스에게 날개 달린 지팡이 케리케리온을 선물한다. 이 선물 덕분에 헤르메스는 어디든 쉽게 날아다닐 수 있는 능력을 갖춘다.

　제우스는 헤르메스의 재주를 높이 평가하고 그에게 상업을 관장하게 하니, 농경에 이어 상업의 시대가 도래할 것임을 예고한다. 또한 제우스는 헤르메스를 가장 측근으로 삼아자신을 보좌하는 전령으로 삼는다. 그러면서 헤르메스에게 업무를 처리하기 쉽도록 날개 달린 모자인 페타소스Petaso, 날개 달린 신발인 탈라리아Talaria를 선물한다. 헤르메스는 아폴론에게서 받은 날개 달린 지팡이까지 갖추고 신들 중에 가장 넓은 영역을 넘나들며 제우스를 대변한다.

헤르메스는 로마신화로 가서 메리쿠리우스Mercurius로, 영어로는 머큐리의 이름을 얻고, 영어에서 거래 또는 무역을 뜻하는 merchandise, mercari의 어원, 품삯을 의미하는 merces의 어원으로 자리하기도 한다.

헤르메스는 지상은 물론 제우스도 가지 않는 지하세계와 올림포스도 자유자재로 드나든다. 날개 달린 모자와 신발 그리고 멋진 지팡이가 있어 그는 자유롭게 그리고 신속하게 모든 영역을 넘나들며 제우스의 전령 역할을 다한다. 그는 신들의 비밀을 가장 많이 알고 있으면서 절대로 발설하지 않는다.

가장 약삭빠르고, 가장 신속하고, 가장 용감하고, 가장 협상을 잘하여 제우스에겐 꼭 필요한, 없어선 안 될 비서이지만 한 번도 딴 마음을 품지 않고 제우스에게 절대 충성하는 가장 훌륭한 비서의 역할을 다한다. 오늘날의 리더들은 이런 완벽한 비서를 원하지만 헤르메스 같은 인재를 못 만나 곤욕을 치르곤 한다.

7 소통 제우스와 마이아

무재주가 상팔자일까?
만능 비서 헤르메스

　　자신의 속내도 털어놓는 기업의 대표가 내게 말한다. "사기꾼은 천 명을 먹여 살리지만 천재는 천 명을 굶긴다."라고. 자연이 천태만상의 모습을 가졌듯이 인간 역시 천태만상의 모습을 갖고 있다. 다만 자연은 피상적인 천태만상으로 사는데 반해 인간은 심리적인 천태만상으로 산다. 이러한 마음의 모습을 바탕으로 인간은 각자 다른 삶을 산다. 피상적으로는 고만고만하지만 숨겨진 삶이 다르고, 재능이 다르다. 자신의 고유성을 인정하며 스스로 위안하며 살아야 자신에게 이롭다.

　　헤르메스도 살고 헤파이스토스도 살고 아폴론도 사는 세상이다. 각기 노는 물, 놀아야 할 판이 다를 뿐이다. 헤르메스 하면 떠오르는 이미지는 자유롭게 어디든 오간다. 도둑질에 재주 있다. 협상력이 좋다. 충성심이 강하다. 유연하면서 완벽하다는 점이다.

　　그에게 가장 잘 어울리는 브랜드는 여행과 가방이다. 에르메스 가방이 세계적인 브랜드인 이유라면 그럴 법하다. 에르메스는 프랑스어 식 발음이고, 원래는 헤르메스Hermès로 적는다(프랑스어에서 H는 음가로는 유음과 무음으로 두 가지지만 음가일 뿐 항상 발음은 묵음). 물론 에르메스 브랜드가 직접 헤르메스를 딴 건 아니다. 창업자 티에리 에르메스의 이름에서 딴 명칭이다. 1837년 티에리 에르메스가 파리에서 창업한 에르메스 회사는 처음엔 마구 용품과 안장을 판매하다가 자동차 산업의 발전과 함께 가방이나 지갑과 같은 피혁 제품으로 사업을 전환하여 대성공을 거둔다. 마차 모양 로고를 사용하는 이유의 기원이다. 또한 프랑스에서 가방에 최초로 지퍼를 사용하여 보급한 것으로 유명하다. 티에리 에르메스의 손자가 세계대전 중 미국에서 지퍼를 보고 돌아와 프랑스에서 지퍼 사용 가방 특허를 내고 독점권을 얻은 덕분이다.

헤스티아 여신이 비운 자리를 대신하여 올림포스 12주신에 든 헤르메스는 깔끔하고 완벽한 일처리로 제우스의 총애를 얻어 지상에서부터 지하까지 못 갈 곳이 없다. 그는 신의 세계와 인간의 세계, 지하의 세계를 자유자재로 넘나든다. 때때로 제우스의 곤란한 스캔들을 처리해준 공으로 제우스의 도움을 받아 가끔 그 자신도 연애에 성공한다. 드리옵스의 딸 페넬로페와 사이에서 판을 낳고, 아프로디테와 사이에서는 헤르마프로디토스를 낳기도 한다.

그의 맹활약 덕분에 이정표나 경계석을 의미하는 헤르마Herma도 그의 이름에서 유래한다. 돌무더기는 처음에 경계를 나누는 상징이니, '헤르메스'의 뜻은 어떤 경계든 넘나듦이 가능하여 이정표나 경계석을 의미하기도 한다. 전어을 가지고 경세를 넘으니 안겔로스Angelos로 진령의 뜻이다. 지상에서 지하의 경계를 넘나드니, 프시코폼포스Psychopomppos로 '영혼의 안내자'란 별칭도 얻는다. 당연히 보이지 않는 세계로 드나들기에 '프시코', 심리학의 어원과도 연결된다. 때로 '영혼의 무게를 다는 자'란 별칭 프시코스타시아Psychostasia도 그에게 부여된다.

헤르메스는 이제 로마신화로 넘어가면 메르쿠리우스Mercurius로 수성이란 별을 차지한다. 태양계의 행성 중 공전 주기가 가장 짧은 수성의 머큐리Mercury는 발 빠른 헤르메스의 로마신화 이름에서 유래한다. 영어의 머큐리Mecury는 수성 또는 수은으로 중화적인 의미를 갖는데, 이는 연금술로 연결되니 이 모두는 '영역의 경계로부터의 자유'의 원뜻에서 파생된다. 상온에서 가장 빨리 액체로 변하는 금속 수은을 머큐리라고 하는 이유다. 물질의 경계인 액체와 고체 사이의 물질인 수은으로, 경계를 넘나드는 헤르메스의 상징이다. 이와 마찬가지로 텍스트를 해석한다면 이 역시 기표와 기의*의 경계를 넘는 것으로 그의 이름에서 연유한 Hermeneutics, 즉 해석학으로 부른다.

무재주 상팔자란 말처럼, 능력이 없으면 할 일이 없으

* 언어는 소리 자체가 아니라 소리를 가능하게 하는 청각 영상인 기표(시니피앙, significan)와 보이지 않는 틀인 기의(시니피에, signifie)로 돼있다. 시니피앙은 언어의 소리, 시니피에는 언어가 지닌 의미다. 스위스 언어학자 페르디낭 드 소쉬르(1857~1913년)가 도입한 개념이다.

나 능력이 많을수록 일은 점점 늘어난다. 그리스 신들 중 가장 많은 재능을 가진 헤르메스는 신들 중 가장 많은 일을 한다. 덕분에 그의 이름을 딴 언어들도 당연히 많을 수밖에 없다. 오늘날 유능한 헤르메스의 후예들은 각 분야에서 경계를 넘나든다. 때로는 정보를 훔치고, 때로는 말로 사기를 치고, 때로는 불법적인 심부름도 하고, 때로는 경계를 넘으며 일을 수습한다. 능력은 일을 부르고 일은 일을 불러 바쁜 사람은 항상 바쁘다.

8

중용

제우스와 레토

중용은 감성에서보다 이성에서 나온다. 한쪽으로 치우치면 균형을 잃을 수밖에 없다. 관계에서는 감성이 중요하지만, 결정에서는 이성이 중요하다. 제우스가 사려-분별의 여신 메티스를 선택해 그 사이에서 중용의 신 아테나를 낳은 것도, 거대한 여신 레토를 만나 이성의 신 아폴론을 낳은 것도 같은 맥락이다.

〈아폴론과 9명의 뮤즈〉, 줄리오 로마노, 1540

—— 제우스의 일곱 번째 선택은 아폴론과 아르테미스를 낳아준 여신 레토이다. 중용은 감성에서보다 이성에서 나온다. 주관이 너무 개입되면 균형을 잃을 수밖에 없다. 관계에서는 감성이 중요하지만 결정에서는 이성이 중요하다. 주관이 개입되기 시작하면 공평성을 잃고, 정의를 잃고, 원칙을 잃을 수밖에 없다. 아폴론과 아르테미스는 지나친 이성을 중요시하는 신으로, 지나친 감성과 방탕, 지유를 중요시하는 디오니소스와 대척점에 위치한다. 갈등이 극과 극을 이룰 수밖에 없다. 이를 대비하기 위해 일찍이 제우스는 제일보로 메티스를 선택했으며, 그 사이에서 중용의 신 아테나를 낳았으니, 제우스는 선견지명으로 권력의 기반을 차근차근 밟아왔음을 알 수 있다. 제우스처럼 미래를 읽는 자가 진정 훌륭한 리더이다. 권력은 그 후에 잡아도 늦지 않다. 목표보다 과정이 중요하다. 어떻게 리더의 자리에 올랐느냐가 권력을 어떻게든 잡았느냐보다 중요한 이유이다.

레토 여신과 개구리로 변한 남자들

물리적인 힘으로 갑이 된 남성중심의 사회에서 여자는 많은 곤욕을 겪어야 했다. 남녀가 불륜을 저질러도 모든 책임은 여자가 졌다. 게다가 아이의 양육도 여자의 몫이었다.

인류가 살아온 잘못된 관습으로 아직도 몰지각한 남자들에겐 그런 본능이 남아 있다. 시대가 바뀌면서 의식도 관습도 바뀌게 마련이지만…

제우스가 이번엔 티탄 신족에 속한 코이오스와 포이베의 딸 레토에게 접근한다. 레토는 검은 옷의 처녀라는 별칭을 갖고 있으며 제우스가 사랑한 여신 중 가장 덩치가 큰 여신이다. 그녀도 제우스의 유혹에 넘어가 정을 통한다. 레토는 제우스를 믿었으나 제우스는 또 헤라에게 끈질긴 프러포즈를 한다.

끈질긴 구애에 헤라는 제우스에게 앞으로는 절대로 바람을 피우지 않는다는 약속을 받아낸다.

그런데 헤라는 제우스의 바로 전처 레토가 임신한 사실을 알고는 레토의 태중 아기의 예언을 듣는다. 예언인즉 쌍둥이를 임신했으며, 두 신은 오누이로 헤라가 낳을 신들보다 훨씬 위대한 신들이라는 것이다. 예언을 들은 헤라는 질투와 분노로 부르르 떤다. 그리고는 레토에게 저주를 내린다.

"이 세상에 해가 비치는 장소에서는 아이를 낳을 수 없다!"

이 저주와 함께 인간들에게 지시를 내려 어느 누구라도 레토를 받아들인다면 치명적인 저주를 내리겠다고 경고했다. 신은 물론 인간들도 레토의 출산에 도움을 주지 않았다. 레토를 받아들이거나 출산을 돕는다면 어떤 저주를 받을지 모른다는 소문을 들은 마을 사람들은 레토를 닮은 여인이면 어느 누구도 들어오지 못하게 막았다. 이 사실을 모르는 레토는 무거운 배를 하고 여기저기 떠돌았지만 어느 마을에서도 그녀를 받아들이지 않았다.

그녀는 그리스 전역을 떠돌아다니다시피 했지만 그녀가 머물 곳은 없었다. 몸은 점점 더 무거워졌고 먹을 것도 제대로 못 먹은 탓에 피로가 극에 달했다. 이미 산달이 지났으나 헤라의 저주 때문에 출산이 불가능했다. 어디든 해가 비치지 않는 곳을 찾아야 했는데 그런 동굴이나 은신처를 찾을 수 없었다. 헤라를 두려워한 인간들이 모두 막거나 폐쇄한 때문이었다.

그러던 어느 날, 그녀는 맑은 물이 출렁이는 연못을 발견했다. 그녀는 무척 힘겹게 맑은 연못가로 기어갔다. 그녀는 물로라도 허기를 달래려고 물을 떠 마실 용기를 찾으려 했다. 그런데 주변에서 일하던 농부들이 달려왔다. 농부들은 다짜고짜 레토를 연못가에서 내쫓았다. 레토는 그들에게 갈증을 풀도록 물을 좀 달라고 사정사정했다. 농부들은 들은 척도 않고 그녀에게 돌이며 막대기를 사정없이 던져댔다. 그럼에도 그녀가 다시 다가오자 농부들은 연못으로 뛰어들어 마구 휘저어 구정물로 만들었다. 더는 참지 못한 레토는 그들을 저주했다.

"어리석은 놈들, 네 놈들은 이제 그 연못에서 절대로 나오지 못할 것이다. 너희들뿐 아니라 네 자식들도 연못에서만 살게 될 것이다."

레토의 말이 끝나기가 무섭게 농부들의 몸은 점점 작아졌다. 눈도 작아진 데다 엷은 막이 덮였다. 입은 옆으로 찢어졌다. 온 몸의 변화가 일어나더니 결국 모두 개구리로 변했다. 그제야 그들은 용서를 구했지만 그들의 소리는 인간은 악아들을 수 없는 개굴개굴 우스꽝스리운 소리로 변했다.

본능은 신이 인간에게 내려준 고유본능으로 불변이다. 이는 인간과 짐승 또는 다른 존재와 비교하여 불변한다. 그러나 남자와 여자는 인간이란 고유본능도 있지만, 인간은 살아오면서 생긴 남자의 본능과 여자의 본능으로 분화되며 조금씩 변한다.

물리적인 힘의 우위로 갑의 위치를 점한 남자, 을의 위치에서 생활해야 한 여자, 두 성은 각각의 위치에서 적자생존의 법칙을 찾는다. 그 법칙이 굳어져 본능으로 자리 잡는다. 우리가 본능으로 알고 있는 지금의 본능들은 더디긴 하지만 서서히 변한다. 그럼에도 남성들 대부분은 여전히 이전의 남성중심 사회의 관습을 당연시하여 여자를 지배하려고만 하고 미래를 공부하지 않는다. 이를테면 남성기득권의 연못에서 텀벙거린다. 거기서 나올 생각을 않는다. 반면 여성은 기회를 얻은 이상 보다 미래를 공부하며 지금의 위치를 극복하려 애쓴다. 어느 곳, 어떤 인문학 강좌든 여성이 많은 이유다. 이제 서서히 여성중심의 사회, 여성이 갑의 위치에 서는 본능으로 변한다.

헤라의 질투와 레토 출산

여자의 적은 여자, 이 말은 빈말이 아니다. 그렇다고 천부적으로 받은 본능이 아니다. 남성중심사회, 즉 공고한 가부장제에서 여성들이 을로 살아남기 위한 적자생존의 결과로 생긴 본능이다.

지금의 본능은 오랜 시간에 걸쳐 형성된 적자생존의 결과라 할 수 있다. 본능은 느리지만 변하는 중이다. 전처 레토를 시기하고 질투하는 헤라를 보라. 잘못은 남자인 제우스인데, 아무 죄도 없는 레토가 곤욕을 치른다.

헤라는 바람둥이 남편 제우스에겐 아무런 항의도 못한다. 대신 제우스를 상대한 힘없는 여자들에겐 혹독한 복수를 한다.

헤라가 레토에게 내린 저주, "레토는 절대로 해가 비치는 장소에서는 아이를 낳을 수 없다!" 때문에 레토는 너무 힘든 고통을 당한다. 영문도 모른 채 그녀는 배가 부를 대로 부름에도 출산을 못한다. 그녀의 뱃속의 아이는 갓난애 차원을 넘었지만, 출산은 못하고 가는 곳마다 곤욕만 치른다.

해가 들지 않는 장소, 그런 조건도 모른 채, 레토는 피곤이 극에 달해 걷는 것조차도 힘들었지만, 지상에선 발붙일 곳이 없다는 생각에 레토는 바다를 향해 터덜터덜 걸어간다. 그렇게 에게해까지 간신히 걸은 레토는 양손을 벌리고 바다의 신 포세이돈에게 호소한다.

"바다의 신 포세이돈이여! 더는 갈 곳 없는 나에게 출산을 할 수 있도록 어느 섬이든 빌려주오."

제우스도 더는 가만 있지 못하고 포세이돈에게 헤라의 저주를 전하면서 섬 하나를 레토에게 내주고 그 섬을 바닷물로 지붕을 만들어 섬 지상을 물 터널처럼 만들라고 부탁했다. 포세이돈은 엄청 큰 돌고래 한 마리를 보내 레토를 맞아들였다. 그리곤 바다 속에 가라앉아 있는 작은 섬을 물 위로 올렸다. 그러나 섬이 바다에 떠다니자 그는 쇠사슬로 연결하여 뭍에 단단히 붙잡아맸다. 유동의 섬이던 것을 부동의 섬으로 만들었다. 그리곤 그 섬에 물기둥을 뿜어 햇빛을 차단했다. 덕분에 헤라의 저주를 피한 레토는 출산을 할 수 있었지만 출산과정은 무척 어려웠다.

왜냐하면 아이가 태내에서 너무 자랐기 때문이었다. 무척 고통스러운 산고 끝에 아이를 출산하는 데 성공했다. 딸이었다. 바로 아르테미스 여신이었다. 딸을 낳았음에도 불구하고 레토의 배는 여전히 부른 채였다. 아직 태내에 남은 아이가 쉽게 나오지 않았기 때문에 레토는 너무 고통스러웠다. 아흐레가 지나고 나서야 이미 제법 자란 아르테미스가 어머니의 출산을 도운 덕분에 무사히 출산했으니 아들이었다. 이렇게 우여곡절 끝에 레토는 위대한 여신 아르테미스와 태양신 아폴론을 낳았으니, 제우스가 가장 사랑하고 인정하는 신이었다.

가부장제에서 여성은 자신의 힘을 가질 수 없었다. 희망이 있다면 어떤 자식을 낳느냐에 있었다. 비록 박대를 당하는 상황이어도 자식을 잘 낳으면, 특히 잘난 아들을 낳으면 자식을 등에 업고 권력을 행사할 수도 있었고, 뒤웅박신세를 벗을 수 있었다.

비록 신화이긴 하지만 전처를 향한 헤라의 질투, 전처가 훌륭한 자식을 낳을까봐 햇빛을 못 보는 상황에서 출산하게 하려는 저주는 가부장제 아래서의 여성의 적자생존의 본능을 상징적으로 보여준다.

사랑 때문에 금남의 숲에서
추방당한 미인 칼리스토

대부분 나라엔 금남의 집은 있어도 금녀의 집은 별로 없다. 남자 화장실을 청소하는 여성 청소부는 흔하지만 여성화장실을 청소하는 남자 청소부를 보기 어렵듯, 여전히 물리적인 힘이 상대적으로 남자보다 약한 여성은 보호 받아야 하는 까닭이다.

신화에서도 남성만의 집단은 따로 이야기하지 않는다. 남성들 속엔 여성이 존재한다. 반면 남성들을 혐오한 여성들만의 왕국 아마존족이 있는가 하면 원치 않았으나 암내 때문에 남자들이 모두 떠난 렘노스 섬도 있다. 또한 남자들의 폭력이나 남자들을 혐오한 여성들만이 모여 지내는 금남의 숲도 있다. 아르테미스 여신을 중심으로 모인 금남의 숲이다. 이 숲엔 다른 여성들과 달리 아주 아름다운 여성들만 모여 생활한다.

아르카디아의 왕 리카온에겐 무척 아름다운 딸이 있었으니 칼리스토이다. 그녀는 너무 아름다워 뭇 사내들의 시선을 끌었다. 그럴수록 그녀는 남자들에게 염증을 느꼈다. 하나같이 사내들은 그녀에게 온갖 가식적인 말과 행동으로 그녀의 마음을 사로 잡으려 했다. 남자들에게 혐오감을 느끼던 차에 사냥의 여신 아르테미스의 소문을 들었다. 과연 그녀가 숲을 엿보다 발견한 여신은 사내들과 비교할 수 없을 만큼 의연하고 당당한데다 고고한 아름다움을 드러내고 있었다. 칼리스토는 즉각 아르테미스처럼 당당하게 살겠다는 마음을 먹고 여신을 따르겠다는 다짐을 했다. 그 방법이 사내들의 눈총에서 자유로울 뿐만 아니라 여자로서 멋진 삶이겠다 싶었다.

아르테미스의 숲으로 들어가 여신을 만난 칼리스토는

여신을 섬기겠다며 시종으로 받아줄 것을 청했다. 아르테미스 역시 처녀 신으로 남자들과는 가까이 지내기를 원치 않았다. 그녀는 거의 숲에서 생활했다. 남성혐오가 심한 아르테미스는 자신을 따를 시종들에겐 영원히 순결을 지키기로 맹세하게 하고, 맹세한 님프들만 시종으로 받아들였다. 만일 맹세를 어기고 남자에게 순결을 잃으면 가차 없이 엄한 벌과 함께 쫓겨나도록 한 규칙을 반드시 지켰다.

그러한 맹세를 하는 통과의례를 치르고 여신의 시종들의 일원이 된 칼리스토는 걱정 없이 숲에서 여신을 따라다니며 평화로운 일상을 보냈다. 그녀들이 생활하는 숲엔 늘 평화로움이 감돌았다. 금남의 숲으로 알려져 사냥꾼들도 이 숲에는 들어오지 않았고 혹여 실수로 들어오면 아르테미스의 화살이 두려워 얼른 숲에서 벗어나곤 했다. 이 숲에선 남자는 그림자도 볼 수 없었다.

그런데 어느 날 무척 잘생긴 남자가 이 숲에 몰래 잠입했다. 다름 아닌 제우스였다. 아름다운 칼리스토를 우연히 본 제우스는 한눈에 반하여 그녀의 사랑을 얻으려고 멋진 남자로 변신하여 칼리스토에게 접근했다. 그러나 그녀는 낯선 남자를 보자 얼른 도망쳤다.

제우스는 자신이 섣부르게 접근했음을, 금남의 숲임을 그제야 깨닫고는 얼른 아르테미스 여신으로 변신하여 다시 접근했다. 칼리스토는 제우스를 아르테미스인 줄로 착각하고 어떤 남자가 숲에 들어왔다며 자초지종을 말했다. 제우스는 그녀에게 그곳으로 안내하게 한 후, 아주 한적한 그곳에 이르자 본심을 드러내어 그녀를 품에 안았다. 그녀는 당연히 아르테미스 여신인 줄 알고는 오히려 기쁜 마음으로 제우스가 하는 대로 몸을 내맡겼다.

칼리스토는 그만 제우스에게 순결을 빼앗기고 말았다. 그 후로 그녀의 몸에 이상한 징후가 생기면서 자신이 임신한 사실을 알았다. 몸의 변화가 생기자 그녀는 아르테미스 여신과의 맹세를 깬 것으로 의심 받을까 두려워 노심초사했다. 여러 달 동안 임신한 사실을 감출 수 있었지만 어느 여름날 사냥을 끝내고 아르테미스를 비롯한 시종들 모두 숲속 연못에서 함께 목욕을 하는 중에 더는 숨기지 못하고 들키고 말았다.

그녀를 따로 부른 아르테미스는 그녀에게 자초지종을 물었다. 그녀는 그날 남자를 만났으나 재빨리 피했을 뿐 아무 접촉이 없었다, 그리곤 아르테미스님이 나타났다, 그리고는 맹세컨대 여신님과 즐긴 일밖엔 없었다고 진실을 담아 믿어달라고 했다. 아르테미스는 그 일이 제우스의 농간임을 알아차리고 그녀를 무리에서 추방하는 것으로 매듭지었다. 아르테미스는 님프들 중에 칼리스토를 특히 사랑했고, 칼리스토가 변신한 제우스에게 순진하게 당한 것을 알고 규칙상 시종의 지위는 박탈

하나 더 이상의 처벌은 면제해주었다.

아르테미스에게서 추방당한 칼리스토는 집으로 돌아가지 못하고 숲을 떠돌며 생활하다 아들 아르카스를 출산했다.

여러 여신을 거친 제우스가 프러포즈하자 헤라는 차후로는 바람피우지 말것을 제우스에게 결혼의 조건으로 내세웠다. 그 약속을 하고도 틈만 나면 제우스는 바람을 피곤했다.

이번엔 제우스가 순결을 맹세하고 평생 아르테미스를 따르기로 한 칼리스토를 임신시키고, 아들까지 낳자, 헤라는 무척 화가 나고 질투심이 생겨 도무지 참을 수 없었다. 이후 헤라는 칼리스토를 곰으로 변신하라고 저주를 내렸다. 그녀의 온몸이 근질근질하더니 몸에 털이 쉴 새 없이 나와 자랐다. 뿐만 아니라 온몸 구석구석이 묘하게 떨리면서 차츰 온몸이 곰으로 변했다. 그녀는 동굴 속에 어린 아들 아르카스를 남겨둔 채 동굴 밖으로 사라졌다. 그녀는 동굴 밖으로 나가더니 더 이상 돌아오지 않았다.

어린 아르카스는 배가 고파 울었다. 숨이 넘어갈 듯 울어대는 아이를 보다 못한 제우스는 인자한 인간으로 변신하고 지상에 내려와 아들 아르카스를 아이의 외조부 리카온에게 맡겼다. 외조부의 보호를 받으며 듬직한 청년으로 성장한 아르카스는 리카온이 죽자 왕위를 물려받아 아르카디아의 왕위에 올랐다.

아르가스는 무척 사냥을 좋아했다. 그는 시간만 나면 숲에서 사냥을 했다. 어느 날, 아르카스는 숲에서 사냥을 하다가 곰 한 마리와 마주쳤다. 그 곰은 다름 아닌 칼리스토였다. 비록 어려서 아이를 떠났지만 그녀는 아르카스가 자신의 아들임을 알았다. 반가운 나머지 칼리스토는 아들에게 다가갔다. 아르카스는 놀라서 뒷걸음질 쳤다. 그럼에도 그녀가 다가서자 위협을 느낀 아르카스는 칼리스토를 향해 화살을 겨누었다.

자칫 아들이 어머니를 죽일 수도 있는 순간, 하늘에서 이 모습을 지켜보던 제우스는 급한 나머지 두 모자를 함께 하늘로 끌어올려 별로 만들어 주었다. 두 모자는 북쪽 하늘에서 다정하게 자리하고 살게 되니 칼리스토는 큰곰자리, 아르카스는 작은곰자리가 되었다.

복수를 하려다 복수는커녕 연적은 물론 연적의 아들이 영생불사의 별이 되자 헤라는 분통이 터져 견딜 수 없었다. 헤라는 지체 없이 어린 시절 자신을 길러준 양부모인 대양의 신 오케아노스와 바다의 여신 테티스 부부를 찾아가 억울함을 호소했다. 남편의 사랑을 뺏긴 것도 억울한데 칼리스토와 아르카스 모자가 영생불사의 별자리가 되었으니 너무 억울해서 견딜 수 없다고 불평했다. 그녀는 "나를 극진히 사랑하시는 양부모님, 다른 별들은 몰라도 절대로 저 모자들은 바다에 내려와 쉴 수 없게 해주세요." 라고 부탁했다.

그 후로 다른 별들은 밤이면 가끔 바다에 내려와 몸을 담그고 휴식을 취하지만 큰곰자리와 작은곰자리로 살아가는 칼리스토와 아르카스는 바닷물에 잠길 수 없었다. 대신 북극성 주변을 맴돌며 하늘에서 떠돌며 지낸다.

그리스신화의 제우스는 로마신화로 오면 유피테르, 영어식은 주피터이다. 태양계의 행성 중 가장 큰 별 목성은 제우스에 부여되는데, 칼리스토는 큰곰자리로 제우스의 별 목성의 주위를 돈다. 그녀와 함께 이오, 에우로페, 가니메데스도 함께 돈다. 이들 칼리스토, 이오, 에우로페, 가니메데스를 목성의 4대 위성이라 한다. 이중 가니메데스는 유일하게 남성인 미소년으로 제우스의 동성연애의 연인이다.

금남을 추구하는 여성은 주로 사회에서 월등한 능력을 갖춘 이들이다. 남성들은 도움이 되기보다 귀찮은 존재로 인식한다. 대신에 여장부다운 존재를 중심으로 똘똘 뭉친다. 그렇다고 그들에게 사랑의 열정이 없는 건 아니다. 똑같이 사랑을 필요로 하나 짐이 남는 사랑을 거부한다.

금남의 세계를 지향하는 여성들, 뛰어난 능력을 갖춘 여성들은 본능적으로 남성의 접근을 차단한다. 남성이 친구 이상의 감정을 갖는 순간 그와 눈물을 머금고 절교한다.

칼리스토가 남자로 변신한 제우스의 접근은 피하지만 아르테미스로 변신한 제우스를 기꺼이 받아들이는 이유는 이

러한 본능을 의미한다. 이러한 여성들은 자신보다 훌륭한 여성
은 존경하지만 훌륭한 남성은 그다지 따르지 않는다.

그럼에도 본의 아니게 남자를 사랑한 칼리스토의 상징
은 이러한 여성이라도 이성애는 당연하지만, 다만 이성 사랑에
빠지는 순간 평범한 여자로 내려와 이탈할 수밖에 없음을, 여성
들 간의 관계를 와해시키는 질투의 감정을 의미한다. 사회의 우
등생이 사랑의 우등생이 될 수 없음은 동서고금의 진리이리라.

외롭지 않은 사람이 어디 있으랴! 몸만 반쪽이 아니라
마음도 반쪽인 게 사람이다. 남자의 억센 몸과 여자의 부드러
운 몸이 서로를 그리워하고, 남자의 원대한 아니무스가 여자의
마음에 들어가 자리하고, 여자의 섬세한 아니마가 남자의 마음
에 들어와 자리하여, 남자 속에 여성성으로, 여자 속에 남성성
으로 조화를 이룬다. 인간은 사랑으로 완성을 이룬다.

권력의 중심에서 제우스는 늘 그에 반하는 부드러움과
유연함을 유지하려 한다. 그래야 이성과 감성의 조화를 이룬
리더십을 갖출 수 있기 때문이다. 또한 원대함만 추구하고 거
시적으로만 바라보면, 사소하지만, 소소하지만 정작 중요한 것
들은 이런 것들임을, 이런 고만고만한 것들이 치명적인 실수의
출발임에도 놓칠 수 있다. 리더는 디테일에 관심을 게을리 해
선 안 된다.

제우스에게 바쳐진 목성 주위를 도는 네 개의 위성은 그런 상징이다. 제우스가 바람을 피운다는 건 실제의 불륜이 아니라 늘 긴장하며 인격을 도야하며 성찰하는 가운데 리더다운 항상성을 유지하려 한다는 상징적 의미이다.

9

권력

제우스와 헤라

제우스는 마침내 권력을 상징하는 신인 헤라의 사랑을 얻는데 성공한다. 상황에 맞게 변신하는 귀재여서
가능한 일이다. 헤라는 모든 권력을 거머쥐었지만, 젠더적 관점에서 보면 가부장제의 희생양이기도 했다.
제우스는 숱한 염문을 뿌리면서도 용케 헤라에게 들키지 않았다. 하지만 헤라의 끈질긴 추적에 당할 재간
이 없었다. 부와 권력을 가진 제우스의 마초적 행태에 헤라의 미투Me too는 어떻게 펼쳐졌을지 궁금하다.

〈제우스와 헤라〉, 프란츠 크리스토프 잔넥, 1703-1761

────── 제우스의 여덟 번째 선택은 드디어 권력을 상징하는 여왕 신 헤라이다. 한 걸음 한 걸음 걸어서, 한 계단 한 계단 쌓아서 제우스는 권력을 잡는다. 준비된 리더요, 준비된 권력자이다. 자리가 사람을 만든다는 의미는 준비 없이 어쩌다 자리에 오른 것을 말한다면, 사람이 자리를 만든다는 마땅히 그 자리에 앉을 자격을 갖춘 사람이 그 자리를 차지했음을 의미한다.

정의는 마땅히 앉을 자격이 있는 자가 그 자리에 앉았을 때 정의이다. 어울리지 않는 자리에 누군가 앉았다면 분란이 일고 혼란이 온다. 여신들을 선택하며 서두르지 않고 마지막에 정실로 헤라를 선택한 제우스는 정의로운 리더, 준비된 리더의 진정한 길을 보여준다. 준비 없는 권력은 약이 아니라 독이다.

제우스, 헤라의 사랑을 얻다

돈을 얻는 것보다, 권력을 얻는 것보다, 명예를 얻는 것보다 아니면 그 무엇을 얻는 것보다 중요한 것이 있다면 그건 사람의 마음이다. 당연히 어떤 사람의 마음을 얻었다면 그건 곧 그 사람을 확실하게 얻은 것이다. 몸을 얻으면 일시적이지만 마음을 제대로 얻으면 평생을 지속하니 이보다 중요한 게 있으랴. 사람을 얻으면 돈도 권력도 명예도 줄줄이 따라오게 마련이니 사람을 얻음이 참 중요하다.

한 남자 또는 한 여자는 사랑하는 사람의 마음을 얻으려 한다. 경영자는 직원의 마음을, 직원은 경영자의 마음을, 상사는 부하의 마음을, 부하는 상사의 마음을 얻으려 한다. 정치가는 국민의 마음을 끌려 한다. 여러 관계 중에 정치인과 국민과의 관계는 일방적 구애라는 면이 특별하다. 일대 일의 관계가 아니라 일대 다수의 관계이기 때문이다. 정치인과 국민과의 관계는 수시로 변화 가능한 불안한 관계이다. 그래서 훌륭한 리더는 차근차근 단계를 밟은 후 권력의 중심에 선다. 그렇지 않은 리더는 우선 권력부터 얻으려 서두른다.

이제 제우스를 보라!

변신의 귀재 제우스는 아무 생각 없이 변신하지 않는다. 꼭 필요할 때 변신하고 상황에 맞게 변신한다.

제우스는 여자를 유혹할 때 변신한다. 그렇게 변신한 제우스는 여자의 사랑을 얻는다. 그의 변신의 비결은 간단하다. 상대가 가장 좋아하는 모습으로 변신한다. 제우스는 원하는 여자의 사랑을 반드시 얻어낸다.

제우스에게 마음에 쏙 드는 여신이 보였다. 여신 중에서 가장 막강한 권력을 가진 여신, 이름도 '여왕'이라는 뜻을 가진 헤라Hera였다. 제우스는 여러 여신을 거쳐 레토와 알콩달콩 지내는 중이었다. 그런데 아름다운 헤라를 보자, 물론 전에도 본 적 있었지만, 유독 헤라가 아름다워 보였다.

제우스는 치밀하게 헤라를 얻기 위한 구상을 한다. 헤라가 좋아하는 게 무엇이며, 헤라의 심리는 어떠한지를 우선 파악한다. 헤라는 불쌍한 모습을 보면 못 본 체 못한다는 걸 알아차린 제우스는 심리파악에 들어간다. 도도하기 짝이 없는 헤라에겐 좋아하는 모습으로 변신한들 그녀의 마음을 얻기란 어렵다고 판단한 제우스는 헤라의 동정심을 일단 얻어 접근하기로 결정한다.

마침 제우스는 아르고스 지방의 아르고스 숲에서 산책하는 헤라를 발견했다. 헤라의 모습은 무척이나 아름다웠다. 제우스는 그녀에게 빨리 접근하고 싶은 마음이 일었지만 억지로 참고 뻐꾸기로 변신하여 뒤를 쫓았다. 헤라 몰래 뒤를 따르던 제우스는 작전을 시작했다. 엄청난 폭우가 내리게 한 것이다. 그러자 발걸음을 재촉한 헤라는 단숨에 키타이론 산까지 달려 동굴 속으로 비를 피했다. 이때를 노린 제우스는 비에 흠뻑 젖은 뻐꾸기의 모습으로 동굴로 날아든 다음, 헤라의 치마폭에 내려앉아 바들바들 떨기 시작했다. 그 모습이 어찌나 애처롭던지 헤라는 뻐꾸기를 살며시 품에 안았다. 헤라의 품에 안긴 제우스는 더는 못 참고 제우스 본래의 모습으로 돌아갔다. 영문 모른 헤라는 깜짝 놀랐다. 헤라는 억지로 제우스를 밀쳤다. 그럼에도 끈질기게 구애하는 제우스를 더는 거부 못한 헤라는 두 가지 조건을 제시했다. 첫째는 영원히 자신을 정실로 인정할 것. 둘째는 앞으로는 절대로 바람피우지 말 것.

제우스는 그녀와 약속했다. 둘은 정식으로 신들의 축

복을 받으며 성대한 결혼식을 올렸다.

　일설엔 제우스가 헤라에게 처음 반한 곳은 에우보이아 지방이고, 키타이론 산까지 집요하게 따라간 제우스가 헤라와 그 산의 동굴 속에서 사랑을 나누었다고 한다.

　헤라, 여왕을 의미하는 헤라는 권력의 상징이다. 제우스의 정실로 완전 확정은 곧 제우스의 최종목적이 권력임을 뜻한다. 그동안 제우스는 메티스의 지혜를, 테미스의 정의를, 에우리노메의 우아한 리더십을, 므네모시네의 소통을, 데메테르의 식량을, 마이아의 상업과 홍보를, 레토의 지혜의 실천을 얻었고, 마지막으로 헤라, 곧 권력을 얻었다. 즉 공고한 권력을 얻은 것이다.

　제우스는 다른 여자를 얻을 때엔 단번에 마음을 얻었다. 그러나 헤라를 얻을 땐 두 가지 약속을 했고, 자존심을 버리고 여러 번 사정한 끝에야 가능했다. 정상에 오르는 것처럼 권력의 정점에 선다는 것은 그만큼 어려움이 따른다는 것을 의미한다.

　철저히 준비하는 리더는 이처럼 지혜에서 시작하여 차근차근 단계를 밟아 올라간다. 두루두루 마음을 얻은 제우스는 전체를 하나로 통합한다. 리더의 자질은 하루아침에 생기는 게 아니다. 차근차근 준비하고, 한 계단 한 계단 올라간 권력자는 당당하게 능력을 발휘하며 통합의 리더십을 발휘한다. 반면 과욕만 넘치는 리더는 일단 권력을 잡으려고 반칙에다 간교함에다 쇼에다 줄에다 온갖 술수를 동원한다. 어느 순간 혜성처럼 떠오른 리더가 불안한 이유다. 열등감은 열등한 술수를 낳는다.

제우스, 가부장제 남자들

제우스의 특기는 상대가 제일 좋아하는 것을 알아내고 그에 맞게 변신하기이다. 상대에게 잘 맞춰주어 상대가 자신을 사랑하도록 만든다. 예를 들면 레다의 백조, 에우로페의 황소, 다나에의 황금비, 제우스는 상대가 자신을 좋아하게 만드는 완벽한 애정남이다. 드문 예지만 좋아하는 상대의 약점을 알아내어 그에 맞게 변신한다. 헤라의 마음을 얻을 때가 그 예이다. 여성 최고의 매력의 상징인 헤라를 얻는 때에만 평소와 달리 동정심을 유발하여 접근한다. 자신을 낮추어 구걸한다. 제우스에 어울리지 않는다.

이 하나의 예외, 헤라 앞의 제우스의 상징, 자신의 성공의 디딤돌을 마련하기 위해 본심을 숨기고 친근하게 접근한다. 감정적인 동정심을 유발한다. 진실을 가장하고 허리를 낮춘다. 진지한 표정으로 돌아서면 지키지 않을 약속을 한다. 일단 힘을 얻는 게 중요하니까. 소기의 성공을 거두면 약속은 나중이다.

제우스와 헤라는 모든 신 앞의 협약식, 곧 성대한 결혼식을 가이아의 끝, 즉 세상의 서쪽 끝에 있는 헤스페리데스의 정원에서 올렸다. 위대한 두 신, 남자의 힘의 정점을 차지한 제우스와 여자의 힘의 정점을 차지한 헤라의 결혼식, 진정한 결합을 의미하는 결혼식은 성대하게 거행되었다. 이 결혼을 축하하기 위해 가이아는 헤스페리데스의 정원을 헤라에게 하사하고, 결혼 선물로 황금사과나무를 주었다.

이후 이 정원의 황금사과는 용 라돈과 아틀라스의 딸 헤스페리데스 자매들이 지킨다. 그 덕분에 황금사과는 결혼을 상징하는 열매의 상징이 되었고, 헤라의 결혼생활 수호신 역할을 한다.

결혼식을 올린 헤라와 제우스는 동굴에서 무척 황홀한 신혼기를 보냈다. 그러나 얼마간의 세월이 흐르자 헤라의 몸에 변화가 생기면서 헤라는 제우스의 몸을 거부하기 시작했다. 헤라의 임신, 그때부터 제우스는 헤라와의 약속을 어기고 헤라의 눈을 피해 벌써 바람을 피러 다녔다. 당연히 여자의 육감으로 헤라는 그걸 눈치 챘다. 헤라는 제우스의 약속을 믿은 걸, 꼼짝 못하게 스틱스에 맹세를 하게 하지 않은 걸 후회했다. 차선책으로 제우스를 압박하려면 필요한 증거를 잡기 위해 고심하던 헤라는 대단한 심복을 찾아냈다. 머리에 눈이 100개나 달린 인간 아르고스였다. 그럼에도 교묘하게 제우스는 아르고스의 경계를 벗어나곤 했다. 헤라는 제우스보다 위대한 아들을 낳을 것을 기대하고 그 수모를 눌러 참았다.

드디어 헤라는 첫아들을 순산했다. 그 이름 아레스, 그런데 기대와 달리 아레스는 제우스에 버금가기는커녕 허우대는 멀쩡한데 머리가 영 좋지 않았다. 태어나서 얼마 안 되어서부터 늘 싸움만 좋아했다. 제 힘만 믿고 싸움을 좋아했으나 잘하지는 못했다. 인간에게도 호되게 당하고 돌아다니기 일쑤였다.

그나마 아들에게 온 기대를 걸고 제우스의 외도를 모른 척하던 헤라는 제우스의 마음을 돌리려 무진 애를 썼다. 제우스의 마음을 다시 얻기 위해 헤라는 제우스에게 아름답게 보이기 위해 곱게 화장을 하고 제우스 앞에 나타났다. 그녀만이 아는 샘, 처녀를 복원해주는 샘 카나토스에서 목욕을 하여 숫처녀를 유지했다. 그럼 제우스의 온전한 사랑을 받을 수 있을까?

이처럼 가부장제 아래서 여성은 결혼과 함께 자신의 모두를 가정에 헌신한다. 그 대신에 마조히스트로 살아가는 법을 숙명으로 배운다. 자신의 진정한 정체성을 잊고 착각 속에 산다. 그 전형이 헤라로, 그녀는 오직 제우스 즉 남편만을 위해 화장한다. 그녀는 외부로의 매력 대신에 가정 내부의 매력으로 생존하는 법을 익힌다. 이런 소유욕 때문에 남자는, 기대한 성공을 거둘 때까지는 비굴하다.

근본적으로 사디스트의 본능인자를 물려받은 남자는 어디에든 군림해야 한다. 제우스처럼 외부에서 성공하거나 성취감을 느낀다면 가정 내에선 마조히스트인 양 생활하므로 가족들의 불만을 사지 않는다. 그러나 외적인 성공을 거두지 못하고 외부에서 마조히스트인 척 생활해야 하는 남자는 가정에서 사디스트, 즉 폭력적으로 변한다. 이들의 속성을 잘 표현한 속담이 "종로에서 뺨맞고 한강에서 큰소리친다."라 하겠다. 그러니 남성들이여! 가정에서 승자가 되지 말고 세상과 싸워서 세상의 승자가 되라.

제우스와 헤라의 줄다리기 의미

"네가 거짓말 세 마디만 잘할 수 있다면 제대로 사기치는 사기꾼이 될 수 있다. 네가 A4 용지 한 장 분량의 거짓말을 잘할 수 있다면 괜찮은 정치가가 될 수 있을 것이다. 네가 만일 책 한 권 분량의 거짓말을 잘한다면 훌륭한 소설가가 될 것이다." 란 말이 있다.

거짓말에도 이로운 거짓말과 해로운 거짓말이 있다. 소설가의 거짓말은 교묘하면 교묘할수록 인간의 진실을 발견하게 만든다. 독자들에게 기쁨을 주고 이로움을 준다. 반면 사기꾼의 거짓말은 누군가를 마음 아프게 한다. 물질적인 피해를 주는 것은 물론 심적으로도 상처를 준다. 마찬가지로 정치인의 거짓말은 사회를 망치고 국가를 위태롭게도 한다. 이러한 거짓말은 자신의 이익이나 어떤 목적엔 좋으나 타자에게 해를 준다.

그런데 이런 거짓말은 교묘하게 포장되어 있어서 잘 속게 만든다. 게다가 천연덕스럽게 온갖 감언이설로 믿게 만든다. 이미 거짓을 전제로 진실을 가장한다. 나중에 진실을 알고 나면 무척 배신감을 느끼지만 이미 걷잡을 수 없는 피해를 입은 후다. 사기꾼과 정치인은 닮은꼴로 그러려니 하고, 믿어주는 척해야 나중에 배신감을 덜 느낀다.

헤라의 거부에 끈질기게 설득을 하면서 제우스는 헤라의 동정을 산다. 끈질기게 구애하며 헤라가 원하는 조건을 들어주기로 약속한다.

헤라라는 권력 앞의 제우스의 상징, 요즘 정치인들의 모습이 그렇지 않은가? 정치인은 대중의 인기를 위해 본심을 숨기고 친근하게 접근한다. 감정적인 동정심을 유발한다. 진실을 가장하고 허리를 낮춘다. 끈질기게 표를 구한다. 진지한 표정으로 약속한다. 돌아서면 지키지 않을 약속을 남발한다. 일단 권력을 얻는 게 중요하니까 약속은 나중이다.

민중의 마음을 얻기 위해 그럴 듯한 약속인 캐치프레이즈를 내건다. 추상적이고 모호한 약속으로 교묘하게 빠져 나갈 구멍을 미리 판다. 마음을 얻은 후엔 자기편으로 확실하게 묶어두려면 공동운명체임을 인정하게 한다. 한 팀 인식을 갖게 만드는 것이 일종의 프레임이다. 하나의 구호 아래 모인 이들은 확증편향에 사로잡혀 정상적인 판단을 하려 않는다. 때문에 권력을 지향하는 이들의 거짓말은 심각하다.

제우스가 약속을 어기고 여전히 바람을 피우지만 헤라는 제우스에게 불평이나 불만을 할 수도 없고 그럴 생각도 없다. 제우스에게 향할 불만이나 화는 제우스 대신에 제우스의 상대나 그 자식에게 향한다. 죄가 있다면 제우스에게 있지만 제우스는 그대로 두고 영문 모르는 상대들에게 복수를 한다. 이처럼 헤라는 내 진영과 상대 진영으로 가른다. 헤라는 제우스가 남편인 이상 잘못을 저질러도 여전히 내 편이다.

이렇게 내가 믿은 이에게 나를 의탁함은 곧 권력의 양도와 위임을 나타낸다. 가부장제의 결혼은 축소된 권력 양도와 위임의 상징이다. 이런 소유욕의 변형이 권력의 욕구다. 권력은 그 모두를 소유할 수 있기 때문이다. 정치인은 소기의 성공을 거둘 때까지는 비굴하다. 이들을 확실하게 묶어두려면 약속만으로는 어렵고 스틱스에 맹세-9년간 신의 자격을 박탈당하고 신들의 음식 암브로시아와 신들의 음료 넥타르를 마실 수 없다.-하듯 강한 징벌을 줄 수 있어야 한다.

제우스의 이런 야비한 영리함, 정치인들은 이런 권모

술수를 물려받은 후예들이다. 그나마 제우스는 항상 진화한다. 제우스는 계속해서 제 허물을 새로움으로 덮으며 진화하기 때문에 최고의 자리를 유지한다.

리더는 마조히스트인 척하는 사디스트이다. 우리 각자 역시 사디스트이다. 그나마 자신을 잘 리드하려면 지금 가진 모두를 쏟아서 표현하는 게 좋다. 그러면 새로운 아이디어가 솟는다. 비장의 카드는 이미 유통기한을 넘긴 카드에 불과하다. 지금 가진 정보나 지식을 모두 상대에게 준다면 그는 늘 그만큼 앞서갈 수 있다.

그럼에도 헤파이스토스
헤라는 여왕이면서 가부장제의 희생양

남성중심사회에서 여성은 인간 이하의 대우를 감내해야 했다. 그렇다고 어디 하소연할 곳도 없었다. 더구나 결혼하면 절대적으로 남편에게 의존할 뿐 달리 헤어날 방법이 없었다. 남편에게서 마음대로 벗어날 수도 없었다. 결혼 전에 어떤 지위에 있었든 상관 없이 결혼하고 나면 자신의 인생은 없었다. 누구의 아내로, 누구의 어머니로 살 뿐 자유의지도 거의 없었다.

    여자의 운명, 적어도 헤라는 대단한 가문 출신의 여자의 운명의 상징이니, 미미한 가문 출신의 여자야 말해 무엇하리. 헤라가 임신 후 제우스는 약속을 어기고 여전히 이 여자 저여자와 염문을 뿌렸다. 그럴수록 헤라는 그 이유를 자신의 탓과 제우스의 상대 여자의 탓으로 돌렸다. 후자의 경우는 제우스를 유혹하는 여자의 문제로 생각했다. 전자의 경우는 헤라자신이 임신하고 나니 미모가 예전만 못한 탓, 전과 달리 짜증내고 제우스가 가까이 오는 걸 귀찮아 한 탓으로 돌렸다. 그렇게 제우스에겐 최대한 불만을 갖지 않으려 애쓴 가운데 첫아들아레스를 낳고 어느 정도 자라자, 헤라는 예전의 매력을 찾으려 다이어트도 하고 카나토스 샘에서 목욕을 하여 온전한 처녀로 돌아왔다.

    그러자 헤라의 의도대로 제우스는 헤라의 품으로 돌아왔다. 이전의 금슬을 회복한 헤라와 제우스, 새록새록 솟는 신혼 같은 즐거움의 환희, 덕분에 헤라는 둘째를 임신했다. 헤라가 임신하면서 점차 제우스에게 아름다운 모습을 보여주지 못하자 제우스는 다시 눈을 밖으로 돌렸다.

    제우스는 숱한 염문을 뿌리면서도 용케 헤라에게 들키지 않았다. 헤라는 나중에야 눈치를 채지만 확실한 증거를 잡지 못하고 추문을 추적해 제우스를 상대한 여자에게 은근한 복수를 했다. 그러다보니 태교가 될 리 없었다. 그럼에도 헤라는 둘째는 머리도 좋고 최소한 레토의 자식보다 나은 애가 나오길 기대했다. 드디어 산달을 채우고 아기를 낳았다. 그런데 이 갓난아기는 발에 장애를 안고 나왔다. 너무 실망한 헤라는 젖 한 방울 먹이지 않고 올림포스 아래로 던져버렸다. 힘찬 울음소리를 내며 갓난아기는 바다에까지 떨어졌다. 마침 바닷가에서 수영을 즐기던 바다의 여신 테티스와 에우리노메가 아기를 건졌다.

바로 이 아기가 헤파이스토스이다. 그는 이 여신들의 양육을 받으며 9년간을 바다에서 지냈다. 한때는 여인들만의 섬 렘노스에서도 일 년간 생활했다. 그는 여성들의 성정을 닮아가며 자신을 낳고 보살피지 않은 어머니 헤라에게 복수하려 했다. 그는 어느 날 아주 멋진 황금의자를 만들어 헤라에게 선물했다. 뜻밖의 아주 아름다운 선물을 받은 헤라는 좋다는 생각만하고 의자에 앉았다. 순간 쩍 소리와 함께 의자에 달라붙은 그녀는 의자를 떼어낼 수 없었다. 아무리 애써도, 다른 신들이 떼려 해도 떼어낼 수 없었다. 그 의자엔 보이지 않는 질긴 그물이 장치되었기 때문이었다. 그 의자의 장치를 제거할 신이라곤 제작자인 헤파이스토스밖에 없었다. 그래서 아레스를 보내 데려오게 하나 그는 절대로 오지 않는 바람에 이번엔 주신 디오니소스를 시켜 데려오라고 했다. 주신은 그에게 술을 잔뜩 먹여 데려오는 데 성공했다. 그리곤 아프로디테와 결혼 시키는 조건으로 헤라와 화해했다.

소극적인 복수밖에 할 수 없었던 여자의 운명, 헤라는 제우스를 위해 전쟁의 신 아레스를, 재주가 뛰어난 대장간의 신 헤파이스토스를 낳았다. 그 외에도 출산의 여신 에일레이티이아, 청춘의 여신 헤베를 낳았다. 하지만 제우스가 사랑할 만한, 자랑스러워 할만한 자식은 낳지 못했다.

다행히도 헤파이스토스는 헤라가 돌본 적 없으나 젖 한 방울 준 적 없으나 가장 뛰어난 재주의 소유자로 거듭난다. 헤파이스토스는 우선 부모로부터 전혀 보호를 받지 못하고 자라면서 분노를 속으로 삼키고 그 분노를 예술로 승화시킨다. 또한 여자들 속에서 자란 환경 덕분에 심리적으로 여성성 아니마anima*를 많이 받아들인 덕분에 남신 중 가장 섬세한 감정을 갖는다. 헤파이스토스처럼 정신적 산물인 예술은 내면의 것을 응축시켜 세상에 내어놓는 결과물이다.

여자들의 희생과 남자들의 바람기, 한창 가부장제가 공고한 시대의 상징, 그 당시의 전형적인 부를 가진 남자와 권력을 가진 남자의 전형이 제우스라 하겠다. 지금도 제우스의

● 아니마anima_ 남성이 지니는 무의식적인 여성적 특성. 고대철학에서, 생명과 사고의 원리가 되었던 영혼이나 정신. 분석심리학의 대가인 칼 구스타프 융의 용어이다.

후예들은 얼마나 있을까?

　　헤라는 여왕이면서도 가부장제에서 희생양을 의미한다. 헤라는 제우스가 바람을 피울 때면 불타는 질투심으로 제우스를 상대한 여인이나 제우스가 그 여인과 관계하여 낳은 자식들을 벌한다. 그 처절한 싸움으로 가정 또는 결혼을 유지한다. 결혼의 수호신 역할을 자임한다.

10

유연성

제우스와 인간 여자들

제우스는 머리로는 아테나를 낳아 지혜의 신을 만들고, 넓적다리로는 디오니소스를 출산해 술의 신을 만든다. 제우스가 인간 여자 세멜레를 통해 자유와 방탕, 감성의 상징인 디오니소스를 얻는다. 이는 억압보다는 권리와 책임이 부여된 자유의 소중함을 뜻한다. 제우스의 세상 주유(周遊, 한가롭고 편안한 마음으로 세상을 돌아다니며 놀다), 향연은 유연성에서 출발한다.

〈술의 신 디오니소스〉, 카라바조, 1571-1610년

—— 제우스가 헤라를 선택한 이후부터는 다양한 선택이 뒤따른다. 여신의 세계에서 벗어나 인간으로 영역을 그 범위를 넓혀간다. 이는 권력의 중심에 있으면 경직된 리더, 닫힌 리더가 될 수 있는 까닭으로 항상 유연성을 유지하려는 발로이다. 누구나 자신의 시각으로 세상을 본다. 금새 경직된다. 스스로는 열린 리더라 생각하지만 실제로는 닫힌 리더임을 모른다. 리더는 권력으로 제자리를 유지하기보다 진일보하려면 유연성을 갖추어야 한다.

제우스가 인간여자 세밀레를 통해 자유와 방탕, 감성의 상징 디오니소스를 얻는다는 의미는 억압하기보다 권리와 책임이 부여된 자유의 소중함을 뜻한다. 그럼에도 그 위험을 방지하기 위해 이미 중용의 신 아테나를 두었으니, 오만과 자기비하 사이에 겸손, 낭비와 인색 사이에 검소, 만용과 비겁 사이에 용기, 험담과 묵비 사이에 정직, 이러한 중용의 덕을 갖춘 아테나를 가장 아끼면서 세상을 주유한다. 상대 맞춤형 연애의 진실, 그것은 유연한 리더십이다.

제우스의 향연

만일 헤라와 인터뷰를 한다면 헤라는 "나에게 질투의 화신이라고요? 당신들이 내 입장이라면 나처럼 안 되겠어요? 그래도 난 참는다고요. 단지 제왕의 아내란 이유 하나로 그놈의 용안에 손톱 하나 못 댄다고요. 그렇지 않다면 벌써 몽둥이가 뭐예요, 칼을 들든 쌍욕을 하든 죽기 살기로 대들었겠지요. 나 죽어라 하고 참는 거라고요. 허구헌 날 바람 피워도 참는다고요. 다만 본보기로 나도 내 남편 내 맘대로 못하니 내 남편이 접근하면 알아서 피하거나 거부해라, 그렇지 않으면 호된 벌 받는다. 그거 보여주는 거라고요. 그나마 나니까 이렇게라도 복수하지 다른 인간들은 나 죽었소 산다오."라고 대답할 것이다.

제우스가 이번엔 헤라 몰래 카드모스의 아름다운 딸 세멜레를 유혹하려 했다. 제우스는 우선 아주 아름다운 청년으로 변신했다. 그리곤 테베로 가서 세멜레의 마음을 얻는데 성공했다. 치밀한 접근과 전략, 세멜레는 제우스의 미모에 반하고, 교양 있는 언변에 반하고, 아주 멋진 매너에 반했다. 세멜레는 몸과 마음을 모두 내어주었다. 늦게야 이를 눈치 챈 헤라는 복수전에 나섰다. 헤라는 질투심을 억누르고 세멜레의 옛 유모인 베로에로 변신하여 그녀에게 접근했다. 헤라는 세멜레에게 왜 들뜬 모습인지 물었다. 세멜레는 제우스와 열애 중임을 고백했다. 헤라가 제우스가 어떤 청년이냐고 묻자 세멜레는 아주 멋지고 교양 있는 청년이니 염려 말라고 답했다. 헤라는 세멜레가 제우스가 신이라는 걸 모르는 걸 알았다. 제우스는 신들의 제왕이니, 그 청년이 제우스라 한다면 난봉꾼이 거짓말 한 거라고 했지만, 세멜레는 도무지 그 말을 믿으려 하지 않았다. 그러자 헤라는 놈이 정말 제우스인지 확인해야 한다며 의심을 부추겼다. 동시에 알아보는 법을 알려 주었다. '우선 제우스가 나타나면 자신을 정말 사랑하는지 묻는다. 사랑한다면 한 가지 소원을 들어줄 것을 요구한다. 응하면 일단 스틱스에 맹세하게 한다. 맹세한 후 내일 올 때는 본래의 모습으로 와 달라, 그게 소원이라고' 약속하게 가르쳤다.

다음날, 세멜레는 제우스가 그녀를 만나러 오자 슬쩍

그의 접근을 거부했다. 몸이 단 제우스에게 시침을 떼고 헤라의 계략대로 했다. 꼼짝없이 걸려든 제우스는 헤라의 계략임을 눈치 챘지만 다음날 제우스는 본래의 모습으로 나타날 수밖에 없었다. 그를 맞으러 나온 세멜레 앞에 제우스는 천둥소리 요란하게 번개를 번쩍이며 나타났다. 이글거리는 열기를 고스란히 받아 녹아내리며 세멜레는 재로 변해갔다. 그러자 안타깝게 바라보던 제우스는 재로 변하는 중인 세멜레의 몸속에 든 아기의 씨를 발견하곤 얼른 아무도 모르게 꺼내 자신의 넓적다리에 집어넣고 꿰매어 감췄다.

헤라의 복수는 일단 성공했다. 그렇다고 말끔히 그 모두가 지워지지는 않았고, 후유증은 여전히 남았다.

언제 어떤 모습으로 재발할지 모른다. 그것을 신화는 남자의 넓적다리에 심긴 씨로 나타낸다. 염문은 다시 염문을 부르고, 질투는 또 다른 질투를 낳는다.

가부장제 아래서 여자가 할 수 있는 복수는 당사자인 남편에겐 도저히 할 수 없었다. 그럴 경우 이혼도 말끔히 못한 채 소외당해서 독수공방할 수밖에 없었다. 그 외로움을 달래려 불륜을 저지르면 아주 혹독한 고통을 감내해야 했다.

제우스의 바람기는 그러한 능력을 상징적으로 보여주는 동시에 문명화된 사회에서 가진 자의 다양한 일부다처제의 모습과 못 가진 빈처의 모습을 상징적으로 보여준다. 진보하면

10 유연성 제우스와 인간 여자들

할수록 부의 치우침, 권력의 쏠림 현상은 물론 성의 편재도 함께 일어난다. 노래 소리 우렁찬 수매미에게로 암매미들이 몰려가듯, 여전히 세상엔 제우스들이 득실거린다. 누구나 제우스처럼 나름의 노래를 부르고, 대부분 세멜레처럼 여전히 그럴듯한 노래에 속는다.

제우스의 아들 디오니소스

　남자도 여자도 인간이란 점은 같다. 인간이란 본능도 같다. 그러나, 남자와 여자는 달라도 아주 다르다. 남자와 여자가 거의 같은 적은 있다. 세 살 적 이하일 때와 인생의 황혼녘 노년 때이다.

　프랑스의 정신분석학자인 자크 라캉(1901~1981)은 세 살 이하일 때는 인간으로 보지 않는다. 단순한 동물 수준으로 본다. 이때의 공통점은 사람이 사람으로의 심리를 못 갖춘 상태, 즉 몸과 마음의 거리가 없이 붙어 있는 상태이다. 이후부터 몸과 마음의 거리가 벌어지면서 사람으로 변한다. 이 사람들이 만들어 놓은 사회에 적응하면서 남자는 남자의 길, 여자는 여자의 길로 나누이면서 서로 달리 적응한다. 그 적응의 누적이 지금의 남자와 여자의 차이를 보여준다.

　남자는 한 번도 아이를 심을 태를 갖지 못한다. 다만 씨만 있을 뿐이다. 뿌리는 데엔 관심이 있으나 키우는 데엔 관심이 적을 수밖에 없다. 따라서 남자의 사랑법과 여자의 사랑법은 달라도 아주 다르다. 숨길 줄은 알지만 보호할 줄은 모르는 남자, 사랑 후의 후유증은 여자의 몫이요 여자의 수고로 남는다.

사랑한 인간 여자 세멜레의 태에 심었던 씨를 자신의 넓적다리에 옮겨 심어 제 씨를 보존한 제우스는 산달을 채우고 넓적다리에서 아기를 꺼냈다. 사랑한 여인 세멜레는 재로 변했으니, 여인의 슬픈 운명을 따라 재라는 뜻의 이름을 아기에게 주어 디오니소스라 불렀다. 아이를 제우스가 양육할 수 없는 게 문제였다. 제우스는 헤라의 눈을 피해 디오니소스를 여자 아이로 꾸민 뒤 세멜레의 언니인 이타마스의 왕비 이노에게 맡겼다. 처음에 이노는 디오니소스가 제우스의 아들이라는 사실을 믿으려하지 않다가 헤르메스의 말을 듣고서야 믿고 받아들여, 자신의 자식들인 레아르코스, 멜리케르테스 형제와 함께 키웠다.

헤라는 곧 이 사실을 알아차리곤 화가 나서 이들 부부 이노와 아타마스에게 광기를 집어넣었다. 아타마스는 자신의 아들 레아르코스를 사슴으로 여기고는 사냥용 창을 던져 죽였다. 이노 역시 막내아들 멜리케르테스를 물이 펄펄 끓는 가마솥에 넣어 끓여 죽이는 끔찍한 일을 감행했다.

제정신으로 돌아온 이노는 기가 막혔다. 그녀는 더는

견딜 수 없어 아들의 시체를 끌어안고 자살하려 바닷물에 몸을 던졌다. 이 기막힌 일을 목도한 신들이 이들의 운명을 불쌍히 여겨 모자를 살린 다음 바다의 신으로 만들어주니, 이노는 하얀 물보라의 여신 레우코테아, 아들 멜리케르테스는 돌고래를 타고 다니는 어린 바다의 신 팔라이몬으로 환생했다. 그후 레우코테아와 팔라이몬은 폭풍 속을 항해하는 배를 인도하는 선원들의 수호신으로 바다에 산다.

한편 보호자를 잃은 디오니소스는 그래도 제우스의 몸에서 탄생한지라 영생불사의 신으로 살아남는다. 헤르메스는 제우스를 대신해 그를 소아시아의 니사 산 님프들에게 맡겨져 양육하게 한다. 대신 제우스는 헤라의 손길이 미치지 않도록 디오니소스를 새끼 산양으로 변신시켜준다. 디오니소스는 그곳에서 포도 재배법과 포도주 빚는 법을 배우며 성인으로 자랄 때까지 헤라의 감시망을 피한다. 그러나 헤라는 기어코 다시 디오니소스를 찾아내어 광기를 그에게 집어넣는다. 그때부터 완전히 미친 디오니소스는 이집트는 물론 소아시아, 시리아 등지를 떠돈다. 프리기아까지 이르러 그곳에서 키벨레 여신을 만나 광기를 치료받고 제정신으로 돌아온다.

그가 미쳐 돌아다니며 퍼뜨린 포도는 곳곳으로 퍼져 재배지역이 점차 늘어나고, 포도로 만든 술은 사람들의 시름을 잊게 한다.

제우스는 머리로는 아테나를 낳아 지혜의 신을 만들고 넓적다리로는 디오니소스를 낳아 술신을 만든다. 지식, 지혜와 같은 형이상학으로 인간을 기쁘게 하거나 도피하게 돕는 신이 머리의 신, 형이상학의 신 아테네와 아폴론이다. 반면 도취, 방탕과 같은 밑바닥 인생을 살며 삶의 질고를 달래거나 위안을 삼거나 잊게 하는 넓적다리의 신이 디오니소스이다.

이처럼 재란 뜻의 디오니소스는 '허리하학적'인 것의 결과는 있는 것 같으나 종국에는 허망한 것임을 보여준다. 디오니소스를 보살핀 이들이 광기에 떨어지고, 디오니소스 역시 광기에 빠진다는 건, 술의 속성을 말한다. 술은 과하면 인사불성이 되어 대상을 못 알아보고 판단하기 때문에 본인은 물론 주변인들도 불행하게 만든다.

디오니소스 신화 역시 정실의 자식이 아닌 서자로 태어날 경우, 그 자식이 무슨 잘못이 있으련만 그 몫은 자신의 몫임을 보여준다. 하룻밤 사이에 아버지가 된 남자가 태내에 꼬박 아홉 달을 품고서야 엄마가 된 여자, 그러고도 품에 안고 족히 일 년 이상을 가슴을 내어주고 엄마란 부름을 얻은 여자의 사랑을 이해할 수 있으랴. 이러한 근원적인 생물학적으로 아주 다른 구조는 남자와 여자의 달라도 아주 다른 심리를 낳는다. 달라도 아주 다른 이 심리는 아주 다른 남자와 여자의 다른 행동을 낳는다. 세상에 대한 아주 다른 반응을 낳는다. 서로 너무 다른 신비 때문에 신비를 쫓아 서로 사랑을 하고, 낯설은 신비로 남자와 여자는 울고 웃는다.

스타 중의 스타 제우스와 이오 신드롬
인기는 진실이 아니라 거품이다

몰림 현상 또는 쏠림 현상은 인간의 본능 때문에 생긴다. 따지고 보면 별 차이도 없는데 사람들은 일단 주목하는 곳이 따로 있다. 어쩌면 이것저것 따지고 나면 나을 게 없음에도, 오히려 질이 떨어지는 경우도 있는데 남들을 따라한다. 그래서 유행이 일고 베스트 상품이 생긴다. 소문난 잔치에 먹을 게 없다는 속담도 있듯이, 사람들이 어느 한 쪽에 쏠리는 이유는 안전하다. 소외당하지 않는다는 욕구 때문이다.

사람을 대하는 것도 마찬가지다. 인기 있는 사람들은 완벽한 듯 보이지만 실상은 어느 한 면만 비교우위에 있을 뿐이다. 그럼에도 전체를 비교우위로 보아 가치를 부여한다. 인기의 부익부빈익빈도 그 심리에 바탕을 둔다. 이렇게 대중은 속는다. 멋진 거품 한 번 보고 그 거품을 믿는다. 알고 보면 진정한 사람다운 사람은 따로 있는데 도무지 고개를 돌리지 않고 거품만 본다. 세상엔 우상, 아이돌이나 스타, 거품 정치인이 생긴다.

그리스 신화의 제우스는 스타 중의 스타다. 그가 여신이든 님프든 인간 여자든 눈길 한 번 주면 모두 넘어온다. 희대의 바람둥이다. 제우스는 아름다운 님프, 다름 아닌 강의 신 이나코스의 아름다운 딸 이오에게 접근한다. 당연히 이번에도 제우스는 그녀가 반할만한 용모와 매너와 선물로 접근한다. 이오는 부끄러움을 타서 슬쩍 물러선다. 이미 제우스는 그녀가 그를 거부해서가 아니라 너무 밝아서 부끄러움을 타는 것임을 알아차린다. 제우스는 우연한 것처럼 가장하여 주변을 검은 구름으로 뒤덮는다. 그러자 이오는 순순히 그의 구애에 응한다. 제우스는 이오의 사랑을 얻고 동시에 헤라의 감시의 시선도 피한다.

헤라도 그리 호락호락하지는 않다. 헤라는 심복으로 머리에 눈이 100개나 단 아르고스를 채용한 참이다. 온통 머리엔 눈 투성이라 사방팔방을 고루 볼 수 있어 경계엔 딱인 아르고스, 게다가 아무리 피곤해도 눈 두 개 만큼은 언제나 뜨고 있어 전천후 파수꾼으론 제격이다. 아르고스가 기상이변을 헤라에게 고한다. 날씨는 창창한데 하늘 한 귀퉁이에 먹구름이라니, 낮잠에서 깬 헤라는 제우스의 짓임을 직감한다. 헤라는 재빨리 외출준비를 하고 그 구름 근처로 달려간다.

이오와 열렬한 사랑에 빠져 있다가 미처 눈치 채지 못

한 제우스는 당황했다. 하지만 당황은 잠시뿐, 임기응변의 대가 제우스는 얼른 이오를 어여쁜 암송아지로 변신시켰다. 가까스로 위기를 넘길 즈음 헤라가 들이닥쳤다. 심증은 가는데 물증이 없었다. 분명 여자가 있을 거라 생각했는데 아무리 주위를 둘러봐도 여자는 없었다. 있다면 어여쁜 암송아지뿐이었다. 아무래도 의심스러웠다. 헤라가 암송아지의 정체를 물었다. 제우스는 신품종이라고 답했다. 고개를 갸우뚱한 헤라, 그냥 물러서지 않고 그럼 그 신품종 암송아지를 선물로 달라한다. 제우스는 의심 살까 두려워 선뜻 선물로 내놓았다. 그러자 헤라는 짐짓 잘못 짚었나 싶지만 암송아지를 받았다. 그리곤 줄로 목을 맨 다음 심복 아르고스에게 감시를 맡겼다.

상대보다 더 많이 사랑하는 사람은 을, 적게 사랑하는 사람이 갑이 되는 원리, 서로 사랑하는 관계의 법칙이다. 최고의 인기를 자랑하는 제우스를 사랑한 헤라는 자신보다 잘난 남자를 사랑한 여인의 상징이다. 결혼한 후로 헤라는 의부증에 사로잡혀 늘 전전긍긍한다. 그럴수록 제우스는 그런 분위기를 벗어나려 오히려 밖으로 돈다. 그러면 헤라는 제우스의 뒤를 캔다.

이제 이 관계를 남녀관계로 바꾸어 보면, 제우스가 검은 구름을 만들어 그 뒤에 숨는 것처럼 남자는 불륜을 감추려 연막작전을 편다. 헤라가 아르고스를 채용하듯 민감한 여자의 감각의 안테나에 남자는 잡힌다. 헤라가 제우스를 추적하듯 여자는 남자의 행적을 미행한다. 제우스가 이오를 암송아지로 변신시키듯 물증을 감추려 한다.

부부가 서로 동등하다는 의식이 없이 한쪽에서 열등감을 느끼면 의처증이나 의부증은 생긴다. 피상적으로 잘난 배우자를 선택한 경우는 자칫 불행할 수 있다. 인기는 진실이 아니라 거품에 불과하다. 남들이 좋아하니 나도 줄을 서는 쏠림의 심리, 유행의 심리이다. 따라서 사랑은 좌고우면하지 않고 자신만의 시각으로 상대를 보아야 진정한 사랑, 행복한 사랑을 할 수 있다.

회피하면 부메랑으로 돌아온다

결자해지結者解之, 자신이 저지른 일은 자신이 해결한다. 신화의 가르침은 결자해지이다. 제우스의 유혹에 넘어간 죄로 이오는 헤라의 질투의 대상이 되어 헤라가 보낸 아르고스의 감시를 받는다. 이를 그대로 두려니 제우스는 자신은 아무런 영향이 없으나 사랑한 이오가 구속 당하니 우선 양심의 가책을 느낀다. 언제까지 이오를 암송아지 상태로 둘 수 없으니 고민이다. 제우스는 이오를 헤라에게서 떼어놓기 위해 고심한다.

고심한 결과 제우스는 유능한 비서 헤르메스에게 자신이 의도를 밝히고 책임을 맡긴다. 헤르메스는 방법을 생각하고 일단 양치기로 변신한다. 그리곤 긴 칼을 목동들이 사용하는 지팡이처럼 생긴 칼집으로 감추고 아르고스 옆으로 접근한다. 마침 암송아지를 지키고 있으려니 무료한 아르고스는 목동으로 변신한 헤르메스를 불러 이야기나 나누자 한다. 이렇게 접근에 성공한 헤르메스는 기회를 엿보지만 아르고스는 좀체 눈 모두를 감지는 않는다. 어떻게든 아르고스가 잠들게 하려고 헤르메스는 이런 얘기 저런 얘기를 하며 시간을 낚는다.

그러다 헤르메스가 꺼낸 이야기는 목신 판과 님프 시링크스의 이야기였다. 아르카디아 지방에 강신 라돈의 딸 님프 시링크스가 있었는데 무척 아름다웠다. 사티로스들과 온갖 신들의 구애를 받았다. 너무 많은 남자들의 주목을 받은 시링크스는 남자들이라면 일단 신물이 났다. 그래서 그녀는 순결을 지키겠다는 맹세를 하고 사냥의 여신 아르테미스를 따르기로 했다. 그때부터 시간의 대부분을 아르테미스와 함께하며 아르테미스를 본받으며 생활했다. 어느새 아르테미스 여신이라 착각할 정도로 닮아갔다.

한편 시링크스에 흑심을 품고 늘 기회를 노리는 가축을 돌보는 목신인 판이 있었다. 판신은 헤르메스와 페넬로페 사이에서 탄생했는데, 태어날 때부터 상반신은 인간의 모습인데 머리엔 염소의 뿔이 나왔고 다리는 염소 다리였다. 이에 놀란 판신의 어머니 페넬로페는 낳자마자 놀라서 아기를 버리고 달아나는 바람에 헤르메스가 올림포스로 데려가 길렀다. 이때 신들은 묘한 생김새를 보고 재미있어 하기도 했다. 그런 가운데 판은 여자라면 무척 좋아해서 여자들에게 짓궂게 대했다. 생김새가 기묘해서 처음엔 귀여워했으나 성장하면서 여자들은 그를 피하기 시작했다. 그러자 판은 여자들을 미행하다가 갑자기 뒤에서 나타나 꼭 껴안아 놀라게 하곤 했다.

헤르메스는 자신의 아들 판신에 얽힌 이야기를 시작한 것이다.

어느 날 시링크스가 혼자 산책한다. 기회를 노리던 판신이 시링크스를 뒤따른다. 그걸 눈치 챈 시링크스는 겁에 질려 도망간다. 그럴수록 판신은 시링크스를 더 빨리 뒤따른다. 시링크스는 가까스로 아버지인 강의 신 라돈 강까지 도망간다. 이제 더는 도망갈 수 없을 만큼 판이 다가온다. 막 잡힐 위기에 놓인 시링크스는 아버지 라돈과 강의 님프인 언니들에게 도움을 청한다. 자신의 몸을 다른 모습으로 변신시켜 달라고 간청한다. 그녀의 몸은 가까스로 곧 갈대로 변한다. 판은 절망하며 한숨을 쉰다. 때마침 그의 한숨에 답하듯, 바람이 갈대를 스치며 탄식하는 듯한 가느다란 소리를 낸다. 판은 그 소리를 시링크스의 목소리로 느낀다. 비록 시링크스를 더는 사랑할 수 없지만 영원히 그녀와 함께하겠노라 말하곤 갈대를 몇 줄기 잘라 밀랍으로 붙인 다음 사랑하는 마음을 담아 바람을 불어 넣는다. 그 갈대 줄기에선 신기히게도 감미로운 소리가 흘러나온다. 판은 자신이 사랑한 님프의 이름을 따서 시링크스라 한다.

헤르메스는 신이 나서 임무도 잊고 그 이야기를 마쳤다. 그 사이 아르고스는 모든 눈을 감은 채 잠들어 있었다. 기회를 얻은 헤르메스는 감추었던 칼을 지팡이에서 꺼내어 단칼에 아르고스의 목을 내리쳤다. 아르고스의 머리는 땅에 뒹굴었다. 헤르메스는 이오를 자유롭게 풀어주었다.

아르고스의 목만을 받은 헤라는 분하기 그지없었다. 아르고스의 목숨이 애석했다. 헤라는 아르고스의 충성심을 영원히 기념하겠다며 아르고스의 100개의 눈알을 자신의 성조 공작의 꼬리에 박아주었다.

제우스의 영역 지도를 그리는 고난의 여정, 이오

신화는 사실 역사시대 이전의 산물이다. 비록 기록은 역사시대에 이루어졌다 하더라도 신화의 탄생은 그 이전의 산물, 구전의 산물이다. 기록과 구전은 달라도 한참 다를 수밖에 없다. 이를테면 기록된 것은 수정이 어렵지만 구전은 전달 과정에서 명백한 증거가 없기 때문에 변형이 얼마든 가능하다. 같은 대상에 관한 신화라도 여러 버전이 있는 이유다. 제우스와 이오, 이오는 대체 왜 온 지역을 떠돌아 다녀야 했을까?

헤르메스가 아르고스를 퇴치한 덕분에 자유로운 몸이

된 이오, 그러나 그녀는 여전히 헤라의 감시를 벗어날 수 없어서 암송아지 그대로였다. 막상 달리 갈 곳이 없는 그녀는 아버지인 강신 이나코스와 강의 님프인 언니들이 있는 이나코스 강가로 갔다. 그럼에도 그네들은 그녀를 알아보지 못했다. 그녀는 할 수 없이 발굽으로 바닥에 자신의 이름을 쓴 다음 암소로 변한 사연을 알려주었다. 그러면서 아버지에게 구해달라고 썼다. 그러나 이나코스는 딸의 불행을 안타까워할 뿐 달리 방법이 없었다. 이나코스는 "내 사랑하는 딸의 불행을 해결하지도 못하다니, 내가 신인들 무슨 소용인가. 차라리 신이라서 죽음의 문이 나에게는 닫혀있는 게 애통하구나. 이 아픔을 영원토록 느껴야 하다니."라며 비통스럽게 울었다.

한편 아르고스를 잃고 애도하며, 그의 눈알을 공작 꼬리에 박은 후, 헤라는 더욱 분노하여 이오를 괴롭히려 했다. 헤라는 신이 내린 채찍이란 뜻의 등에를 이오에게 보냈다. 등에에 시달리기 시작한 이오는 더는 견디지 못하고 등에를 피해 세상을 떠돌았다. 그럴수록 등에는 떼를 지어 그녀를 괴롭혔다. 이오는 천지사방으로 미친 듯이 세상을 떠돌았다. 광기와 공포에 휩싸인 채 온 세상을 헤매면서 그녀는 심지어 물속에 들면 등에가 못 따라올 것 같아 해협을 죽을힘을 다해 헤엄쳐 건넜다. 그 해협은 훗날 이오의 이름을 따서 이오니아 해협이 되었나. 그림에도 헤라기 보낸 등에 떼는 더 극성을 부렸다.

그러한 모습을 지켜만 보던 제우스는 자존심을 걱고 헤라에게 자신의 불륜을 고백하고 이오에 대한 벌을 거두어달라고 간청했다. 다시는 이오와 불미스러운 관계를 맺지 않겠다는 맹세로 헤라의 분노를 가라앉혔다. 그제야 헤라는 등에의 공격을 멈추고, 제우스는 이오를 예전의 모습으로 돌려놓았다. 얼마 후 이오는 네일로스(지금의 나일강) 강가에서 제우스의 아들 에파포스를 낳았다.

기분이 나빠진 헤라는 쿠레테스를 시켜 아이를 빼돌렸다. 헤라에게 사과까지 하고 그 일을 잊기로 한 제우스였지만 끝없는 헤라의 시기에 분노한 제우스는 헤라의 지시를 따른 쿠레테스를 죽임으로써 헤라에게 경고의 메시지를 보냈다. 헤라도 제우스를 더 이상 자극해선 안 되겠다 생각하고 이오의 일을 잊었다. 제우스와 이오가 맺은 결실 에파포스의 후손은 그리스는 물론 페르샤, 아프리카의 많은 왕가의 시조들을 낳았다. 또한 메두사의 목을 벤 페르세우스, 최고의 장사 헤라클레스와 같은 불세출의 영웅도 그 후손이었다. 나중에 이오는 이집트의 왕 텔레고노스와 결혼하여 지위 격상을 통해 여신으로 경배를 받으니 곧 이집트의 여신 이시스이다.

기록은 할 수 없지만 무엇인가를 기억하고 싶다, 무엇인가를 설명하고 싶다, 이럴 때 선인들은 이야기를 만들어 전달한다. 이것이 신화다. 이오니아 해협이 그렇고 제우스의 영역이 그리스 본토만이 아니라 이집트는 물론 소아시아 지역까지 임을 그리스인들은 말하고 싶어 했을 것이다. 즉 이오의 여정은 제우스의 영역을 그리는 설명이다. 이처럼 기록 없는 이야기는 전달자에 의해 얼마든 변형이 가능하고, 변형할 수도 있으니 신화는 때로 고대인들의 소원과도 연결되는 인간의 진실이다.

헤라의 끈질긴 복수의지는 정실의 아내가 감내해야 하는 아픈 속앓이의 상징이라면, 지나친 투기는 오히려 남편의 부당한 행위를 불러올 수 있음을 의미한다.

주색잡기의 대명사 사티로스

"콩 심은 데 콩 나고 팥 심은 데 팥 난다."는 속담이 있듯이 유전은 어쩔 수 없다. 식물이야 움직일 수 없으니 벌이나 나비의 힘을 빌려 꽃가루 받이를 하려니 더 좋은 유전자를 얻기에 어려움이 따르지만, 동물이나 곤충은 좋은 유전자를 얻으려 나름대로 노력한다. 그 덕분에 나름의 특기를 보다 진화시킨다.

생물의 진화과정에서 적자생존의 논리는 살아남는 종과 멸종위기 종에 적용되지만 종 내에서도 유전자를 남기는 개체와 그렇지 못한 개체로 나눈다.

변신의 귀재, 제우스는 이번엔 사티로스로 변신한다. 사티로스는 반인반수의 모습을 한 숲의 정령들로 특히 주색을 즐겨서 디오니소스를 잘 따라다닌다. 장난을 심하게 치면서 님프들의 꽁무니를 쫓아다닌다. 그도 그럴 것이 사티로스들의 아버지 역시 주색잡기에 능하기 때문이다.

이 사티로스들의 아버지는 다름 아닌 토속신 헤카테로스로, 그는 최초의 인간 포로네우스의 딸과 결합하여 딸 다섯을 낳았다. 그는 술을 무척 좋아하는지라 언제나 술에 취해 지냈다.

헤카테로스 자녀들도 워낙 술을 좋아하는지라 이들은 무리지어 디오니소스를 따라다니기 때문에 술판이 벌어지는 곳엔 이들이 있었다. 또한 디오니소스를 따라다니는 사람들 중엔 삶의 해방구를 찾으려는 여자들이 많았다.

술, 술은 실수유발의 대명사이다. 신화에는 술 때문에 유발된 사건들이 제법 많다. 오이디푸스의 아버지 라이오스, 아에네이아스의 아버지 안키세스, 테세우스의 아버지 아이게우스는 물론 성서에서 롯도 그렇고 노아도 그렇다.

사티로스의 탄생신화 역시 이러한 술의 영향을 상징적으로 보여준다.

술의 좋지 않은 면의 첫 단계는 사티로스의 탄생처럼 음담패설을 낳는다. 둘째 단계는 요상한 사티로스의 모습처럼 평소에 하지 않던 요상한 짓을 한다. 셋째 단계는 짓궂은 장난이나 무례하거나 추잡스런 성행위를 아무렇지 않게 할 만큼 완전히 이성을 잃는다.

술은 이처럼 과하면 자신을 망칠 뿐 아니라 주변에 피해를 준다. 하지만 적당한 음주, 적어도 이성을 잃지 않은 음주는 때로 상호간의 유연한 사회적 관계를 맺게 하고, 잘만 하면 막힌 자아를 뚫어주는 해방구 역할도 한다.

고대 그리스에선 디오니소스 제전에서 비극경연대회 참가자는 장엄한 비극 세 편에다 희극 한 편을 세트로 구성하는 조건이었는데, 이때 희극 내용은 바로 사티로스극이었다. 즉 3부작으로 공연한 비극과 비극 사이에 막간극으로 저급하면서 익살스러운 재미를 주는 소극笑劇 곧 사티로스극을 넣었다. 이런 의도는 비극의 긴장을 완화시키고 휴식을 취하게 만들어 하루 종일 공연되는 세 편의 비극에 관객들이 온전히 몰입할 수 있게 하려는 의도였다.

비극에서 배우가 코러스로 노래를 주고받듯이 사티로스극에서도 배우와 코러스가 대화를 주고받는다. 이때 말의 귀와 꼬리를 단 사티로스들이 코러스를 맡고, 실레노스로 분장한 이가 코러스를 이끄는 우두머리로 나온다. 사티로스로 분장한 이들이 무대에서 춤을 추면서 디오니소스 신을 찬양하는가 하면, 음탕한 유머로 관객을 웃기면서 비극의 내용을 풍자하거나 비극 속의 영웅들을 웃음거리로 만든다.

술, 과하면 실수유발 독약이요 적당하면 간장완화 영약이다. 주색잡기의 대명사 사티로스, 왜 제우스는 사티로스로 변신한 걸까?

제우스는 왜 사티로스로 변신했을까?

권력의 세계는 냉혹하다. 늘상 자리를 위협받는다. 주변에선 권모술수가 은연중에 미묘한 분위기처럼 떠돈다. 영원한 적도 동지도 없다. 기회만 잡으면 어제의 주군을 발 아래 굴리려 한다. 그냥 동지인 척 가장하다 냉혹하게 돌아선다. 이 마당에 들어선 자들은 선천적으로 보통의 순박한 이들과는 다르다. 믿을 수 없는 존재들인데 그들은 민중을 믿게 만든다. 호감을 갖게 만든다. 대중의 감성을 자극한다. 실천의지보다 믿게 하려는 데 주안점을 둔다. 이러한 긴장감 도는 권력의 중심에 있는 이들은 내심 불안하다. 그 긴장감의 도피수단이 주색이다. 정상적인 색이 아니라 아노미적인 색이다.

이러한 중심에 있는 제우스 역시 아노미를 꿈꾼다. 제우스는 틈만 나면 헤라의 눈을 피해 다른 여자를 넘본다. 그의 열정은 끝이 없어서 늘 욕망이 솟구친다.

제우스가 이번에 반한 여자는 테베의 아름다운 소녀 안티오페로, 공주는 아니지만 궁전에 살았다. 그녀의 아버지 닉테우스는 어린 외손자 라브다코스를 대신하여 테베를 다스렸다. 요조숙녀로 모든 사람에게 칭송을 듣는 안티오페는 미모도 무척 뛰어났다. 그녀의 아버지 닉테우스는 엄격하여 아주 반듯하게 그녀를 키웠다. 너무나 반듯한 성격의 그녀를 유혹하고 싶은 제우스는 사티로스로 변신했다. 사티로스로 변신한 제우스는 이제나 저제나 기회를 노리며 몰래 안티오페를 따랐다. 그런 어느 날 안티오페는 산울가로 산책을 나섰다. 외딴 곳에 이르자 제우스는 이때를 놓치지 않고 그녀를 뒤에서 갑작스레 끌어안았다.

그 후 안티오페는 혼자 그 일을 비밀로 삼았는데, 언젠가는 아버지에게 임신 사실이 알려질까 두려워 도망할 궁리를 했다. 만일 처녀 몸으로 임신한 걸 알면 닉테우스는 그녀를 죽일 게 틀림없기 때문이었다. 기회를 엿보던 그녀는 시키온으로 도망쳤다.

다행히 시키온에 들어왔다가 그녀의 미모에 반한 시키온의 왕 에포페우스의 마음에 든 덕분에 그와 결혼했다. 나중에 이 소식을 전해들은 닉테우스는 딸을 붙잡기 위하여 시키온으로 가서 에포페우스에게 딸을 내놓으라 했지만 에포페우스는 거절했다. 화가 치민 그는 다짜고짜 성을 공격하다 치명상을 입었다. 그는 죽어가면서 동생 리코스에게 에포페우스를 죽이고 안티오페를 처벌하여 명예를 더럽히지 말라고 당부했다.

닉테우스가 죽자 여전히 테베의 왕 라브다코스는 어렸으므로 리코스가 섭정을 이어받았다. 권력을 잡은 리코스는 형의 유언을 따라 시키온을 공격하여 에포페우스를 죽이고 안티오페를 생포했다. 그런데 안티오페는 테베로 잡혀 오는 도중에 키타이론산에서 쌍둥이를 출산했다. 암피온과 제토스였다. 그럼에도 냉혹한 리코스는 이들을 산속에 버리고 안티오페를 테베로 데려갔다.

공적인 위치, 지도적인 위치에 있는 이들에겐 보통사람 이상의 도덕성을 요구한다. 그러나 권력지향형은 더 정열적이며 잉여욕구가 강하다. 그도 그럴 것이 권력의 불안정성과 생물처럼 다변성으로 인한 극도의 긴장 속에 지내야 하기 때문이다. 이러한 긴장완화를 위해서, 또는 일시적인 도피를 위해 일탈을 꿈꾼다. 일탈로 긴장을 해소할 수 있지만 대놓고 할 처지가 아니기 때문에 편법이나 비밀리에 즐길 수 밖에 없다. 차명을 쓰거나 위장전술을 쓴다. 제우스가 사티로스로, 즉 반인반수로 변신하여 자신의 모습은 물론 자신의 정체성을 세탁하여 감쪽같이 헤라와 세상을 속이는 행태는 권력자들의 행위를 상징적으로 보여준다.

이처럼 자신의 신분을 세탁하고 위장을 하면 심리적인 해방감을 느끼며 어떤 일탈도 쉽게 할 수 있다. 일탈의 즐거움을 이면에 감추는 대신 대중 앞에선 그럴듯한 가면, 이를테면 애국자거나 봉사자와 같은 이타적인 이미지를 보여준다. 권력은 솔직함이 아니라 솔직함의 가면, 감성이 아니라 감성의 가면, 순박함이 아니라 순박함의 가면을 써야 적자생존할 속성을 갖고 있다.

제우스의 잊힌 여자 안티오페
부나비는 아고라 언덕을 오르고…

역사는 승자의 역사다. 이렇게 가정하면 역사는 단지 위선의 역사일 뿐 진정한 인간의 삶을 보여주지 못한다는 걸 반증한다. 이를테면 행운의 상징인 네잎클로버를 얻은 것은 알 수 있지만 짓밟힌 세 잎 크로바들은 기억조차 않는다. 이처럼 역사는 잔인한 위선과 폭력의 산물이지만 승자의 편에서만 기억한다. 이름값하려는 이들은 권력을 지향한다. 그들은 자신에게 유리한 기억을 후대에 전하려 한다. 따라서 과거를 우선 긁어내 자신 아래 밟아놓고 미래의 나를 그 위에 올려놓으려 한다.

당연히 그들은 우선 과거에 관심을 갖고 미래를 내세워 현재를 포장한다. 아이러니하게도 과거지향적이면서 미래를 지향하는 양한다. 그 도피처는 과연 무엇일까?

제우스를 추적해보자. 사티로스로 변신한 정체불명의 남자, 그에게 당한 안티오페는 임신한다. 그리고 죄수로 잡혀 압송 당하는 중에 키타이론산에서 쌍둥이를 낳는다. 그러나 그녀는 끌려가고 갓난아이들은 버려진다.

다행히도 쌍둥이를 발견한 그곳의 양치기가 데려간다. 양치기는 암피온과 제토스를 친아들로 삼아 키타이론산에서 양육한다. 자라나는 아이들에게 무예도 가르쳤는데, 아이들은 과연 제우스의 아들답게 무엇을 가르치든 잘한다. 그러나 양치기는 아이들이 제우스의 아들인 줄은 전혀 모르고, 불행을 당한 안티오페의 자식인 줄만 안다. 그렇게 아이들이 늠름한 청년으로 성장하여 양치기를 아버지로 알고, 아버지를 도우며 지낸다. 물론 가끔 여자들이라곤 없는 산에서 자신들의 어머니는 누구일까 의문은 품지만⋯⋯

한편 삼촌이자 테베의 섭정을 맡은 리코스에게 잡혀간 안티오페는 목숨은 건진 대신 리코스의 아내인 디르케의 노예로 주어졌다. 리코스가 아름다운 안티오페에게 흑심을 품은 것을 눈치 챈 디르케는 안티오페에게 온갖 학대를 하다가 그녀를 감옥에 가두었다. 온갖 수모와 학대를 겪으면서도, 감옥에 갇혀도 그녀의 마음속에 아리고 쓰린 앙금 같은 게 남아 있었으니, 끌려오면서 버림받은 갓난아이들이었다. 산에 버려진 핏덩이 같은 아이들이 살아 있으리라곤 생각할 수도 없었지만, 너무 마음이 아팠다. 그녀는 감옥에서 이대로 죽나 싶어 가슴이 아렸다. 아침이 오면 또 어떤 학대가 기다릴지 끔찍했다. 그녀는 틈만 나면 탈출할 궁리를 했다.

그녀는 틈을 노리다 어느 날 밤, 간수가 잠든 사이에 그동안 조금씩 늘려놓은 후미진 구멍으로 빠져나왔다. 막상 감옥에선 나왔으나 그녀는 갈 곳이 없었다. 당장이라도 병사들이 추적할 것 같은 두려움에 그녀는 무작정 산으로 달렸다. 어두운 산이지만 전혀 무섭지 않았다. 키타이론산이었다.

그녀는 그때부터 산에서 숨어 지내며 추적을 피하다 산중에 쓰러져 죽어가고 있었다. 때마침 양치기가 발견하여 집으로 데려왔다. 다행히 깨어난 안티오페는 낯선 남자들에 놀랐다. 그녀가 그토록 가슴 아파한 핏덩이들이 그 젊은이들일 줄은 꿈에도 모른 채 그녀는 목숨만 살려주고 거두어준다면 무슨 일이든 하겠다고 간청했다. 양치기는 사연을 물으며 누구인지 물었으나 그녀는 정체를 밝히면 다시 노예로 잡혀갈까 두려워 이름만 제대로 말하고 나머진 거짓으로 둘러댔다. 그때부터 암피온과 제토스는 자신들을 낳은 어머니인 줄 모른 채 하녀처럼 부렸다.

그런데 하필이면 디오니소스 축제 기간에 축제를 위해 키타이론산에 올라온 디르케의 무리에게 안티오페는 발견되고 만다. 디르케는 양치기와 아들들이 자신의 노예를 감히 숨겨주

었다며 불같이 화를 내며 중벌을 내리겠다고 호통친다. 양치기
는 그런 사실을 전혀 몰랐다며 용서를 구한다. 용서의 조건으
로 디르케는 미친 듯이 날뛰는 황소의 뿔에 안티오페를 묶어
놓으라고 한다.

　　어쩔 수 없이 형제는 어머니인 줄 모른 채 안티오페를
미친 황소의 뿔에 묶으려 했다. 그 순간 양치기는 디르케의 신
문 도중에 버림받은 아이들의 이야기며 노예 여인의 사연을 듣
자 문득 자신이 거둔 핏덩어리였던 지금의 청년들일 수 있다는
생각에 머리가 아득했다. 차마 아들들이 어미를 죽이게 내버려
둘 수 없다고 판단한 양치기는 큰소리로 젊은이들을 제지하여
부른 다음, 재빨리 그녀의 정체를 말해주었다.

　　깜짝 놀란 암피온과 제토스는 용감하게 그리고 뛰어난
무술 솜씨로 병사들을 제압하고 얼른 어머니를 구했다. 위기를
느껴 달아나던 디르케를 붙잡아 황소의 뿔에 묶어 사지를 상하
게 만들었다. 급한 나머지 디르케는 디오니소스신에게 자비를
구했다. 디오니소스 신은 자신을 충실하게 따른 디르케의 목숨
만은 살려주게 했다.

　　먼 훗날 안티오페 역시 아들들을 먼저 세상을 앞세우
는 불행을 겪고는 광인이 되어 그리스 전역을 떠돌다 포코스에
게 치료를 받게 된다. 그의 정성에 마음이 동한 그녀는 그와 결
혼하고, 세 아들을 낳고 행복하게 살다 남편 포코스와 함께 포

키스에 묻힌다.

안티오페는 정통 공주가 아니다. 권력층 주변의 여자일 뿐이다. 그럼에도 아름답다. 그 이유로 감춰진 여자, 희생당한 여자, 노예로 전락한다. 엄청난 질곡을 당하지만 그녀를 도울 존재는 없다.

승자 중심으로 돌아가는 위선의 아크로폴리스, 그래서 권력을 지향하는 이들은 부나비로 변신하여 아고라의 언덕을 오른다. 최고의 제왕 제우스, 그는 겉보기엔 아주 근엄하고 위대하고 성스럽기까지 한 권력자의 상징이다. 그가 안티오페를 범하고는 전혀 책임지지 않는다. 관심조차 두지 않는다. 그게 권력의 진실이자 속성이다.

제우스와 레다로 읽는 성문화
섹스 어원, 분리 또는 갈라짐

인간의 성은 동물들이 단순히 종족보존을 위해 몰려드는 성문화다. 문화는 여러 감정에서 발현된 것이 아니라서 본질은 같으나 개성에 따라 다양한 형식으로 진화한다. 이 모두가 성문화로 묶이지만 그 안에는 아주 잡다한 모습의 성이 존재한다. 여유는 생각을 부르고 생각은 감정을 부르고 감정은 형식을 바꾼다. 그러니 제우스는 최상층의 여유로운 계급이 누리는 잡다한 모양의 성을 즐기는 카사노바의 상징이다.

아이톨리아 왕 테스티오스는 에우리테미스와 결혼하여 아들로는 톡세우스와 플렉시포스를 낳고, 딸로는 알타이아, 히페름네스트라와 레다를 낳았다. 세 자매 중 단연 레다가 가장 아름다웠다. 무척 아름다운 레다는 여러 영웅에게서 청혼을 받는 바람에 어린 나이에 스파르타 왕 틴다레오스와 결혼하였다.

마침 이즈음 제우스는 시시때때로 변하는 인간 여자와의 사랑에 마치 롤러코스터를 타는 것처럼 묘한 즐거움과 매력을 느꼈다.

제우스는 완전한 인간으로 내려와 인간들의 사랑의 감정을 체험했다. 섬세하고 미묘한 인간의 감정, 그 재미를 체험한 제우스는 틈만 나면 멋진 청년으로 변신하고 인간 세상을 여행하곤 했는데 때마침 결혼식을 올리는 신부 레다의 치장한 모습을 보니 너무 아름다웠다. 제우스는 레다에게 접근하여 그녀의 마음을 얻고자 했다. 그가 파악한 그녀는 무척이나 백조를 좋아하여 침실에서도 백조를 안고 잠든다는 사실이었다.

결혼식을 마치고 신방에 든 레다에게 제우스는 백조로 변신하여 접근한다. 제우스의 셈법대로 신부는 백조를 꼬옥 품에 안는다. 첫날밤을 기다리는 레다는 설렘보다는 긴장한 상태인데 백조를 안으니 마음이 포근하여 몸이 이완되면서 잠에 빠진다. 제우스는 때를 놓치지 않고 조심스럽게 본색을 드러낸다.

그녀는 몽환적인 첫 경험을 한다. 그녀는 아름다운 꿈이려니 한다.

그날 밤 그녀는 남편과도 첫 성교를 한다. 그렇게 임신하여 레다는 쌍둥이 형제를 낳으니 디오스쿠로이라고 했다. 이는 제우스의 아들이란 뜻으로 각자의 이름은 폴리데우케스와 카스토르인데 이들 중 폴리데우케스는 제우스의 아들, 카스토르는 틴다레오스의 아들이지만 부부는 그 사실을 전혀 몰랐다.

얼마 뒤 레다는 큰딸 클리타임네스트라를 낳는다. 이후 제우스는 그녀와의 달콤한 사랑을 떠올리며 다시 백조로 변신하여 접근한다. 백조를 아주 좋아하는 그녀는 백조를 연인 대하듯 안고 침대에서 시간을 보낸다. 이번엔 잠들지 않자 제우스는 백조인 상태로 은근히 그녀를 공략한다. 레다는 백조로 변신한 제우스를 받아들여 한낮을 즐긴다. 얼마 후 그녀는 커다란 알을 낳는다. 어느 날 알에서 미세한 소리가 나는가 싶더니, 알이 두 쪽으로 갈라지면서 갓난아기가 나오니, 헬레네이다.

누가 어떻게 만나 어떻게 사랑하느냐, 그 결실이 무엇이냐, 이는 당연히 서로 영향을 받는다. 다만 그 결과를 어떻게 받아들이느냐의 차이만 있다. 예술이 긍정의 결과라면 외설이 부정의 결과인 것과 마찬가지이다. 불륜의 결과로 생산한 자식은 천덕꾸러기로 전락하기도 하지만 위대한 인물이 되기도 한다. 그 본질은 같으나 길이 다를 뿐이다. 상식은 상식을 낳고 몰상식은 몰상식을 낳는다는 건 통념상의 정의이고 달리 말하면 상식은 진부하고 몰상식은 창의적이기도 하니 아이러니하다.

성서에 다윗은 우리아의 아내가 목욕하는 모습에 반해 불륜을 저지른다. 그게 들통 날까봐 우리아를 최전선에 배치해 전사하게 만든다. 그가 그렇게 불륜으로 얻은 아들이 지혜로운 왕 솔로몬이 아니던가!

지배층 또는 상류층의 몰상식 또는 관습에서 벗어난 일탈과 그 결과를 보여주는 상징적 신이 제우스다. 실제 바람둥이 신이 있었다기보다 그런 인물이 있을 수 있고, 그런 문화가 이전에도 있었다는 신화적 반증이다. 태고 이래 세밀한 감정이 없는 동물들은 여전히 같은 방식으로 교미한다. 반면 감정을 세분하며 점점 복잡한 감정으로 만든 인간은 성 행위를 섹스의 차원, 곧 성문화로 발전시키고 있다. 섹스란 말의 어원이 분리 또는 갈라짐인 이유다.

제우스의 성정을 닮은 헬레네

"넌 누굴 닮아 그 모양이냐?"
아버지나 어머니가 내게 묻는다면?
유전은 불가피하다. 피는 못 속인다는 말이 있듯이 자

식은 부모를 닮을 수밖에 없다. 생김새는 물론 성격도 그대로 닮아 나온다.

이를테면 본능은 인간이라면 누구나 가진 보편적인 인간의 특성, 즉 짐승과 다르거나 신과 다른 측면인데 반해, 성격은 가계의 유전자에 따라 다른 이들과 다른 개별적인 측면을 말한다. 이 성격은 유복자처럼 선천적으로 타고나는 면과 자라는 환경에서 첫째로 부모의 영향, 둘째로 형제자매의 영향, 셋째로 주변 친구들이나 친척 또는 이웃의 영향을 받아 바뀌기도 한다. 그러니까 누구의 자식이냐는 중요하다. 물론 자신의 성격을 어떻게 받아들이고 어떻게 스스로 해석하고 바꿀 것인지 그대로 살 것인지는 자신의 몫이다.

헬레네의 유전자 속엔 당연히 제우스의 기질이 들어있었다. 틴다레오스의 아내 레다는 미모가 뛰어난지라 큰딸 클리타임네스트라 역시 무척 아름다웠다. 더구나 신들의 제왕인 제우스의 피를 섞어 태어난 헬레네의 미모는 비교 대상이 없었다. 헬레네는 그리스 전역에 최고의 미녀로 소문나는 바람에 영웅들의 관심 대상이었고, 로망의 대상이었다. 특히 헤라클레스를 롤 모델로 생각한 테세우스는 무척 용감한 영웅이었는데, 헬레네의 소문을 듣고는 그녀가 열두 살 때, 자신의 아내로 삼고자 납치하여 자신의 어머니 아이트라의 집에 숨겨 두기도 했을 만큼 당대 최고의 미녀였다.

헬레네가 이제 어엿한 처녀로 결혼할 나이가 되자 그리스의 왕들이나 내로라하는 영웅들이 헬레네에게 청혼하기 위해 스파르타의 궁전으로 모여들었다. 찾아온 손님들을 성의껏 대접해야 하는 관습으로 틴다레오스 왕은 고민이 이만저만이 아니었다. 그렇다고 딸의 결혼 상대를 아무렇게 정할 수도 없었다. 구혼자들 모두 왕들이거나 왕자들이라 자칫 구혼에 실패하고 시비를 걸까 걱정이었다. 스파르타가 아무리 강대국이라 해도 여러 국가가 연합하여 스파르타를 공격하면 감당할 수 없기 때문이었다.

틴다레오스 왕의 고민을 해결할 지혜를 제공한 사람은 이타케의 왕 오디세우스였다. 그는 남편감을 결정하기에 앞서 모든 구혼자들이 다음의 사항을 지키기로 맹세하고 결정하자는 안이었다. '모든 구혼자 중 헬레네의 남편감은 틴다레오스 왕이 선택한다, 누가 남편으로 선택받든 그 권리를 인정한다, 또한 결혼 후 이 부부에게 어떤 문제가 생기면 이곳에 모인 영웅들 모두 함께 나서서 해결한다.' 이 사항을 맹세할 것을 제안했다. 물론 틴다레오스 왕은 흔쾌히 동의했고, 모인 사람들 모두 동의하고 맹세했다.

이렇게 해서 구혼자들은 틴다레오스 왕의 결정을 지켜보았는데, 결과는 재산이 많기로 그리스에서 두 번째인 메넬라오스로 정해졌다. 당시 최고 부자는 아가멤논이었는데 그는 이

미 헬레네의 언니 클리타임네스트라와 결혼했다. 지혜롭기로
는 오디세우스인데 그 역시 이미 페넬로페와 결혼했다.

　　헬레네는 아버지가 사윗감으로 선택한 메넬라오스와
결혼하였다. 이 역사적인 결혼은 최대의 축하객이 모인 가운데,
최고의 화려한 결혼식을 올렸으나 메넬라오스는 이미 중년의
나이였고, 헬레네는 꽃다운 처녀였다. 아프로디테 여신의 농간
이든 헬레네의 욕구불만이든 후일 헬레네는 트로이의 꽃미남
왕자 파리스의 유혹에 넘어가 트로이로 사랑의 도망을 치는 바
람에 그리스와 트로이 간 전쟁 유발자가 된다.

　　바람의 딸은 역시 바람을 닮는다. 제우스가 혼외정사
에 관심을 갖듯 그의 피를 받은 헬레네 역시 뜨거운 열정을 안
고 지낸다. 트로이의 꽃미남 파리스가 나타나기 전까지이다. 이
와 유사한 현대소설이 있다면 톨스토이의 《안나 카레니나》, 안
나 카레니나는 스무 살 연상의 남편 카레닌과 부모의 뜻대로
결혼한다. 아들 세료자를 낳고 그런 대로 적어도 남들 보기엔
평화로운 결혼생활을 한다. 그런데 꽃다운 청년 블론스키와 우
연히 만난 후 그녀는 불꽃처럼 그와 열정적인 사랑을 나눈다.

　　헬레네 역시 아름답기 때문에 뭇 남성들의 시선을 모
은다. 그 바람에 여러 번 남편을 바꾼다. 인생유전, 내가 바꾸지
않으면 나는 부모를 닮은 삶의 모습을 유지한다. 이는 피상적

인 닮음이 아니라 내면의 닮음, 성격의 닮음을 의미한다. 대부분 부전자전 모전여전의 진실은 그대로 통용된다. 그러니 혹여 물려받지 않으면 좋을 부모의 습관이나 성격은 내가 스스로 애써 바꾸고, 물려받으면 좋을 성격은 부모를 모델 삼아 배워야 한다. 완전한 사람은 없다. 다만 내가 나의 시간들을 선택하며 산다. 곧 나는 나를 만들며 산다.

먹구름 피우는 제우스
제우스를 위한 변명

전지적 시점에서 제우스를 바라보는 우리에게 제우스는 못된 바람둥이, 어설픈 제왕으로 보이지만 같은 현장에 있는 신들에게 제우스는 거의 완벽한 신이다. 즐길 건 다 즐기는 부러움의 대상이자 넘을 수 없는 벽이다. 허술한 것 같으나 완벽하고, 무관심한 것 같으나 관심을 갖는 이중적인 면을 그는 고루 갖추고 있다. 누구나 제우스처럼 살 수는 없다.

제우스는 보편적 남성의 상징이다. 남성은 수많은 정자를 줄곧 생산한다. 생산한 정자는 원하든 원하지 않든 사흘을 못 넘기고 죽지만 사멸하는 만큼 정자는 계속 생산된다. 이에 반해 여성은 일정한 난자를 생득(生得, 태어날 때부터 가지고 남)한다. 다시 생산하지 못하고 그 난자로 평생을 쓴다. 이러한 생리적 차이는 남성을 보다 성에 공격적으로 만든다. 가능하다면, 기회만 있으면, 원초적 본능을 드러낸다. 제우스는 생리적인 남성의 모습이다.

경제적으로 제우스는 어느 곳 어느 시기의 가장 능력 있는 남자의 상징이다. 물론 남성 중심사회에서이다. 여타의 동물의 성과 달리 인간의 성은 다음 세대에 유전자를 전달하는 것에 국한하지 않는다. 때로는 자기 과시의 수단이고, 부의 능력 발현으로 나타난다. 신화 역시 남성중심 사회에서 남성의 시각으로 쓴 까닭으로 능력이 있는 남자라면 제우스를 닮고 싶어 안달이다. 세계의 문화권을 인구 분포와 상관없이 863개로 나눌 때, 이중 대략 84%가 일부다처제, 16% 정도가 일부일처제, 일처다부제는 0.5%에 불과하다. 남성 중심의 가치가 강한 사회일수록 일부다처제를 관습으로 받아들이고 있다는 것을 알 수 있다.

심리적으로 제우스는 열정적인 남자의 상징이다. 단순하게 산 사람은 꼬리표가 많지 않아서 책잡힐 일, 해결할 일이 별로 없다. 그만큼 뭔가에 대한 호기심이나 열정이 적다는 반증이라고 할 수 있다. 반면 복잡하게 사는, 곡예를 부리는 듯 사는 사람은 신경 쓸 일, 해결할 일이 많다. 이럴 경우, 보다 열정적이며 일탈에 관심이 쏠린다. 사생활에서 자칫 깔끔한 정리를 못하면 구질구질한 또는 잡다한 꼬리표가 따라 붙는다. 이들에겐 거짓과 위선은 필수적일 수밖에 없다. 바람이 이는 곳엔 구설수는 많으나 임기응변 능력이 있고, 고요한 곳엔 깔끔하긴 하나 검증된 능력이 없으니 참으로 아이러니하다. 제우스는 열정남의 상징이다.

진정한 질문을 던져보자. 도대체 제우스란 신은 존재했을까, 아니면 제우스와 같은 신은 없다고 해도 제우스와 같은 인간은 인류에게 있었던 것일까? 만일 우리 사회에 금기禁忌가 없다면, 인간에게 완전한 자유를 준다면 세상의 남자들은 제우스처럼 행동하지 않을까? 제우스는 완전히 자유로운 남자들의 욕망의 상징이라고 할 수 있다.

다시 "제우스는 정말 바람을 많이 피운 것일까?"라고 묻는다면 실제로 '제우스란 신은 바람을 피우지 않았다. 그런데 제우스란 신이 존재한다고 믿은 당대의 그리스인들은 자신의 조상의 위대함을 나타내기 위해 자신들의 조상의 맨 위에 제우스를 얹어 놓았다.'고 답할 수 있다. 그리스신화에 등장하는 왕가들 대부분은 제우스가 맨 위 조상을 차지한다. 기왕이면 최고의 신으로 추앙받는 제우스를 자신들의 가계에 선조로 삼고 싶었고, 본의 아니게 제우스를 자유연애자로 만든 것이다. 예를 들면 페르세우스 명가의 맨 위엔 제우스와 다나에의 결합, 탄탈로스 가계는 제우스와 디오네의 결합, 헤라클레스 가계는 제우스와 알크메네의 결합, 미노스 가계는 제우스와 에우로 페의 결합으로 시작된다.

끝으로 제우스는 왜 바람둥이 였을까?

제우스는 무엇보다 신들 중의 신, 최고의 신이다. 즉 최고의 리더인 동시에 최고의 권력자의 상징이다. 실제로 제우스와 같은 위대한 지도자가 존재했다는 것이 아니라 원초적으로 최고의 권력자라면 마땅히 밟아가야 할 통과의례를 제우스를 통해 보여준다.

연애가 아니라, 여신이나 여인이 아니라 지혜, 품격, 균형, 소통, 융통성 등을 하나씩 자기 것으로 만드는 자아 성찰을 통한 자아 성장의 과정을 설명하는 상징일 뿐이다. 끊임없이 변화를 거듭하는 리더, 유연성을 가진 리더의 모습으로, 어느 시대이든 어느 곳이든 리더라면 깊이 새겨야 할 마음가짐의 모습이다. 칼 융이 말했듯이 본질이 변하지 않는 원형이 신화이듯, 아무리 시대가 바뀌어도, 공간이 바뀌어도 위대한 리더의 자질은 이 틀에서 벗어나지 않는다.

시간과 공간에 따라 등장하는 인물은 달라도 기본은 변하지 않는 위대한 리더십의 원형이 제우스의 연애가 아니라, 제우스와 여자의 관계가 아니라 상징적인 성정이다. 위대한 리더, 통찰력 있는 리더가 되려면 제우스의 행로를 상징으로 받아들이고, 상징이 담은 저의를 자신의 것으로 만들어야 한다.

기존의 가치관이 붕괴된 바이러스 시대를 맞았다. 그

리스 신화에서, 제우스처럼 새 가치를 찾아가는 통찰은 여전히 유효하다. 제우스의 리더십 유형에서 삶의 가치를 찾아보는 것도 의미있는 일이다.

제우스는 세상을 바꿨다

코로나 시대, 새로운 행복의 기준을 제시하다

초판 1쇄 인쇄 2020년 10월 27일
초판 1쇄 발행 2020년 11월 17일

지은이 최복현
펴낸이 황윤억

주간 김순미
편집 이경원 황인재
경영지원 박진주

인쇄 우리피앤에스
주소 서울 서초구 남부순환로 333길 36 해원빌딩 4층
전자우편 gold4271@naver.com **팩스** 02-6120-0257
문의전화 02-6120-0258(편집) 02-6120-0259(마케팅)

발행처 인문공간/(주)에이치링크
출판신고 2020년 4월 20일 제2020-000078호

ISBN 979-11-971735-0-9 03120

이 도서의 국립중앙도서관 출판예정도서목록(CIP)은 서지정보유통지원시스템 홈페이지(http://seoji.
nl.go.kr)와 국가자료종합목록 구축시스템(http://kolis-net.nl.go.kr)에서 이용하실 수 있습니다.
(CIP제어번호 : CIP2020042409)